쓰려고
읽습니다

쓰려고 읽습니다

초판 발행	2023년 01월 01일
초판 4쇄 발행	2023년 03월 01일

지은이	이정훈
발행인	김태한 외 1명
펴낸곳	책과강연
총괄기획	이정훈
도서제작기획	김태한
편집	더봄에이전시
디자인 총괄	이상돈

주소	서울 서초구 서초대로 54길 9-8 예림B/D 4층
전화	02-6243-7000
블로그	blog.naver.com/writingin180days
홈페이지	mybrandingstory.com
인스타그램	@writing_in_180_days
유튜브	책과강연
카카오톡	writing180
등록	2017년 7월 2일 제2017-000211호

ISBN
· 책 가격은 뒤표지에 있습니다.
· 파본은 구입하신 서점에서 교환해 드립니다.
· 저자와 협의 하에 인지를 생략합니다.

실행하는 지금이 실현하는 순간입니다.
[책과강연]에서는 여러분들의 원고를 기다리고 있습니다.
원고 투고 및 의견은 writingin180days@naver.com으로 보내주세요.
함께 만들어 갑니다.

'내 책을 서점에서 만나는 기적'

쓰려고 읽습니다

이정훈

프롤로그

PART. 1
다독만 하면 뭐합니까?

제대로 읽고 있습니까?	14
목적과 목표	19
목적을 향한 사다리	33

PART. 2
책, 이렇게 읽으니 발전이 없다

읽기만 해서는 시간 낭비다	44
책장을 보면 진단이 된다	54
책, 자랑하지 말자	61
책, 믿지 말자	69

PART. 3
1권을 읽고 1,000권의 효과를 얻는 변화성장의 알고리즘

변화성장의 알고리즘	76
3개월 단기 글쓰기	88
6개월 중기 글쓰기	108
쓰기는 구체적인 미래다	114

PART. 4
쓰기로 풀지 못할 문제는 없다

책상을 보면 미래가 보인다	130
문장수집노트 [파일도서관]	138
가장 쓸데없는 능력은 필력이다	153
인생이나 글이나 하나씩 풀면 풀린다	177
프롤로그는 전부다	184
목차는 거칠게	187
쓸 게 없다는 말	191
은유	204
정리	210

PART. 5
쓰기 위한 읽기는 이렇게 합니다

전체를 읽지 않는다	218
전자책 독서노트	227
잘 읽으면 좋은 카피는 저절로	238
창조성의 원리	247
문제로부터 답을 찾는 '읽기의 힘'	251
쓸 때도 읽는다	260
읽지 못하면 잃는다	263
읽고, 쓰고, 증명한다	267

PART. 6
100번의 강연에서 뽑은 10가지의 질문

어떻게 읽어야 하나	274
어떻게 써야 하나	284
에필로그	298

프롤로그

 다독에 대한 환상을 가진 사람들이 적지 않습니다. 다독을 자칫 잘못 쓰면 과독過毒이 됩니다. 쇼핑하듯 책을 사고 곁에 쌓아두는 것으로 읽지 않음의 죄책감에서 잠시 벗어날 수는 있습니다. 하지만 그때뿐입니다. 지적 허세와 지적인 것은 다른 문제입니다. 이렇게 읽을 바에야 차라리 읽지 않는 게 낫습니다. 자기 주관 없이 저자의 생각을 받아들이면 책장은 착착 넘어가겠지만, 생각 없는 독서는 헛배만 불릴 뿐입니다. 이렇게 읽어서 느끼는 포만감은 위장된 자기기만입니다. 남의 지식을 빌려왔어도 결국은 당신 머리로 생각할 수 있어야 자기 삶에 속지 않습니다.

 지금부터 저는 다독에 환상을 가진 당신의 딱딱한 신념

에 정면으로 부딪쳐보려 합니다. 성실히 책을 읽어온 당신의 노력이 어째서 깊은 시선으로 응축되지 못하고 안개처럼 흩어지고 마는지 그 이유를 설명해 볼 것입니다. 살다 보면 삶은 느닷없는 공포가 되기도 합니다. 벌이는 빠듯한데 들어갈 데는 끝도 없다는 탄식은 40대 가장만의 불안이 아닙니다. 기우뚱한 삶을 붙들고 아등바등 버티다 보면 '존재 이유'를 묻는 고민은 봉쇄되고 자기 언어는 사라지고 몸은 쉽게 무력한 상태에 빠지고 맙니다.

불안이 깊어질수록 사람은 삶의 진실보다 당장 눈앞의 방편이 되어줄 책을 찾습니다. 현실이 불안할수록 '어쩌면?'하고 반전을 기대하게 되는 심리는 그래서 자연스럽습니다.

이런 마음을 파고들어 다독을 주장하는 책들이 매년 서점가로 쏟아지고 있습니다. 양적 독서가 삶의 질적 수준을 결정한다는 피상적인 주장입니다. 누구나 읽기만 하면 시야가 트이고, 혼란스러웠던 인생이 하루아침에 정리될 것처럼 주장합니다. 이런 이야기를 사람들은 의외로 쉽게 믿습니다. 그러니 표지갈이만 한 듯한 책들이 해마다 쏟아집니다. 현재가 불안할수록 수요를 파고드는 공급은 더욱 집요해집니다.

책마다 저자들의 주장이 서로 겹치니, 어떻게든 콘셉트를 비켜 가려고 애쓴 흔적이 표지에 역력합니다. 1만 권을 읽으라는 책이 나오면, 하루에 한 권 읽는 독서법이 다독 경쟁에 가세하는 식입니다. 경쟁, 출세, 돈벌이의 볼모가 된 책 표지를 훑는 것만으로 피로감이 몰려옵니다.

틀은 편향된 방향으로 인식을 고정합니다. 다독을 강권하는 분위기 속에서 자기 나름의 주체적인 독서법을 확립하기 위해서는 무엇보다 이 틀에서 벗어나 '읽기' 본래 목적을 정면으로 겨냥할 수 있어야 합니다.

무작위로 해치우려는 양적 독서의 바탕에는 현실에 대한 두려움이 깔려 있습니다. 간당간당한 삶을 벗어나고자 책을 읽기 시작했지만, 어느새 목적을 잃고 목록을 채우는 경쟁 독서에 심취합니다. 목적 잃은 독서는 당신의 의지와 노력을 바닥까지 소진시킨 후에야 걸음을 멈춰 세웁니다.

이제, 저와 함께 당신이 가졌던 독서의 생각 질서를 하나씩 되짚어가 봅시다. 책을 바라보는 새로운 접근을 시도해 보는 겁니다. '얼마나 읽어야 하는가'에 대한 다독의 경쟁 구도를 벗어나 당신을 자유롭게 하는 생산적 읽기, 즉 '어떻게 읽어야 하는가'에 대한 구체적인 방법론을 알아봅시다. 특히 이 책에서는 읽기만 해왔던 독서법에서 벗어나 당신의 관심 밖에 있던 '쓰기'를 끌어왔습니다. 쓰기는 이 책의 핵심이기도 합니다. 켜켜이 쌓인 삶의 문제를 드러내기 위해서는 반드시 '쓰기'가 필요하고 밖으로 표면화된 문제를 풀기 위해서는 '읽기'가 필요합니다. '쓰기 위한 읽기'는 책 전체를 관통하는 주제이므로 본문에서 상세히 다루겠습니다. 저는 기존의 다독법에서 주장하는 피상적이며, 현실과 괴리가 있는 과장된 결론들을 정면으로 반박해 갈 것입니다. 또한, 단순히 읽기만 해왔던 독서법에서 벗어나 삶의 문제를 해결하고 구체적으로 성장하는데 책을 어떻게 이용할 수 있는가를 전략적인 차원에서 이야기해 볼 것입니다. 따라서 이 책의 초입부터 독서에 대한 당신의 인식과 정면충돌할지 모릅니다. 책의 중간중간 수시로 저와 부딪히고 논쟁할 수 있습니다. 바라는 바입니다. 책을 일방적으로 수용하는 독서가 아니라 저자와 양방향 소통이 오가는 독서야말로 제가 이 책을 쓴 이유이기도 하니까요.

책에 묶이지 않을 때, 당신은 텍스트를 통제할 힘을 얻게 될 것입니다. 이 책의 마지막 장을 덮는 순간, 당신이 한결 자유로운 존재가 되어 있길 기대합니다.

다독만 하면 뭐합니까?

Part. 1
제대로 읽고 있습니까?
목적과 목표
목적을 향한 사다리

제대로 읽고 있습니까?

　우리는 왜 책을 읽을까요? 세상을 살아가는 데 알아야 할 것은 많고 그에 비해 시간은 부족하기 때문입니다. 모두가 한정된 시간을 살아갑니다. 눈을 뜨면 매일 새로운 날이 끝없이 반복될 것 같지만, 하루치를 살면 동시에 당신 수명의 절댓값에서 하루치가 소멸합니다. 인간은 지식을 습득하고 경험을 거듭해가면서 성장합니다. 다만 한 개인의 경험은 동시적이고 다층적으로 일어날 수 없다는 게 문제입니다. 당신은 출근과 퇴근, 개점과 폐점 사이의 여덟 시간을 생계를 위해 사용합니다. 최소 여섯 시간에서 여덟 시간은 잠을 자야 하고 TV를 보거나 삶의 도처에서 낭비하는 시간을 제하고 나면 남는 시간은 고작 하루 서너 시간입니다. 시간은 당신에게만 특별히 늘어나지도 줄어들지도 않습니다.

　당신은 삶의 변화를 바랍니다. 그러니 틈새 시간을 어떻게 쓸 것인가의 선택은 당신에게 무척이나 중요한 일입니다. 우리가 책을 선택하는 이유는 이 때문입니다. 책은 쉽게 구할 수 있고 한 사람의 축적된 지식과 경험을 정리한 각고의 노력에 비하면 가격도 저렴합니다. 한 해에만 8만여 종의 책이 쏟아질 정도로 책이 흔한 시대입니다. 손안의 결제 한 번으로 책은 현관 안까지 배달됩니다. 언제 어디서든 자투리 시간을 이용해 지식을 습득할 수 있고 저자의 시선으로 세상을 간접 경험하기에 책만 한 것도 없습니다. 그래서 당신은 당신에게 허락된 시간을 온통 책 읽기에 투자합니다. '변화성장'이라는 가슴 뛰는 목적을 이루기 위해 그야말로 사력을 다해 읽지만 삶은 꿈쩍도 하지 않습니다. 그럴수록 변화에 갈증을 느낍니다. '말도 안 돼! 이렇게 매일 악착같이 책을 읽고 있는데?'라는 의심이 깊어지면 당신은 책과 멀어지게 됩니다.

이처럼 개인의 압도적인 독서량에도 불구하고 오히려 내면이 사막화되어가는 경우를 자주 보아왔습니다. 읽고 나서도 얻는 게 없다는 당신, 그래도 읽었다는 자체로 안도하려는 당신, 아무리 많이 읽어도 불안하다는 당신이라면 저는 단도직입적으로 묻습니다.

'책은 왜 읽습니까?'

영화 올드보이에서 주인공 오대수는 이유도 모른 채 감금됩니다. 그러고는 십수 년이 흐릅니다. 어느 날 눈을 떠 밖을 나와보니 어딘지 알 수 없는 바깥세상입니다. 삶의 목적을 잃어버린 채 자신의 현실을 파악하지 못하는 오대수는 감옥은 벗어났지만 실은 여전히 감금된 상태와 다를 게 없습니다. 어디로 가야 할지 모른다면 사방이 뚫려 있다고 해도 사람은 쉽게 그 자리를 벗어날 수 없습니다. 목적 없는 방황은 사람을 지치고 불안하게 합니다. 별안간 사막에 내던져진 것처럼 말입니다. 당신의 독서가 불안한 이유도 마찬가지입니다. 책에 대한 자기만의 선택 기준이 없으니 출발점을 찾지 못하는 것이고 출발점이 없으니 도착점도 분명하지 않습니다. 책은 수단입니다. 인생의 목적지까지 잘 도착할 수 있도록 조력하는 존재입니다. 독서로 삶이 달라지기를 바란다면 책의 선택은 넓게는 자신이 세운 인생의 목적에 부합해야 하고, 좁게는 현실 목표에 즉각적인 변화를 일으킬 수 있어야 합니다. 이 기준으로 볼 때 **어떤 책을 선택할지에 대한 결정은 현실의 문제를 바라보는 현재 당신의 위치를 설명하는 좌표이기도 합니다.**

하늘에서 비가 내리듯 책이 쏟아지더라도 당장 읽을 수 있는 건 지금 손에 잡힌 단 한 권의 책뿐입니다. 매번 '이 책을 왜 읽어야 하는가'에 대한 선택의 이유가 명확하다면 삶

의 가시 같은 문제를 피하지 않고 응시하고 있다는 겁니다. 잠시 지면을 할애하여 당신에게 인생의 목적과 목표에 관한 이야기를 하려 합니다. 이것은 독서법과 무관하지 않습니다. '어떻게 읽을 것인가'에 대한 모범 답안을 어쩌면 이곳에서 발견할 수 있을지 모릅니다.

목적과 목표

저는 삶을 두 바퀴로 굴러가는 자전거라고 생각합니다. 앞바퀴는 먹고살기 위해 굴리는 바퀴이고 뒷바퀴는 되고자 하는 자신의 존재를 위한 바퀴입니다. 앞바퀴는 목표이고 뒷바퀴는 목적입니다. 목표인 앞바퀴는 '무엇을 이룰 것인가'를 묻는 현실의 의지이고, 목적인 뒷바퀴는 자신이 이룬 것을 통해 어떤 존재가 되고자 하는가를 묻는 미래 자화상입니다.

모두가 튼튼한 두 바퀴가 달린 자전거만 타지는 않습니다. 앞바퀴 하나에 의지한 채 달리는 사람이 있는가 하면, 앞바퀴가 위태로운 상태에서 어떻게든 뒷바퀴까지 끼워서 달려보려는 불안한 사람도 있습니다. 두 바퀴를 다 장착했지만 타이어가 오래돼 언제 터질지 모를 불안감을 안고 달리는 사람도 있습니다.

#외발자전거

 책을 선택하는 기준은 여기서부터 나뉜다고 봅니다. 현실이 불안하면 먹고사는 문제를 해결하기 위한 책을 찾습니다. 앞바퀴만으로 달리는 사람은 책의 선택 기준을 현실 문제 해결에 둡니다. 문제가 분명하면 해결책 또한 구체적입니다. 카페 창업을 준비하고 있다면 창업 성공에 필요한 비결이 담긴 경험자의 책을 찾습니다. 앞으로 도래할 시간은 앞당길 수 없지만, 책이라면 가보지 않은 미래 경험을 앞당겨줄 수 있습니다. 현실의 내 문제를 먼저 겪어본 사람들의 조언을 구하는 데 책 이상 좋은 수단은 없습니다.

놀랍게도 당신이 생각하는 어떤 종류의 책도 검색하면 나옵니다. 긴 시간 쌓아 올린 집단 지성의 세계는 놀라울 정도로 넓고 깊습니다. 만약 '책 속에 길이 있다'는 말을 피부에 와닿도록 느낀 적이 있다면 당신이 직면한 문제에 해결책이 엿보이는 책을 만났기 때문입니다. 문제가 무엇인지 알면 눈앞에 산더미처럼 책이 쌓여 있어도 해결할 한 권의 책을 찾는 것은 어렵지 않습니다.

 문제가 무엇인지도 모른 채 막연히 읽을거리만 고민하는 것은 정신만 소진하는 일입니다. 무턱대고 책을 고르려 말고 현재 내가 안고 있는 문제를 파악한 후 어떻게 풀어갈지, 무엇을 읽어야 할지를 생각해가며 책을 찾다 보면 움찔하고 반응하는 책들이 보입니다.

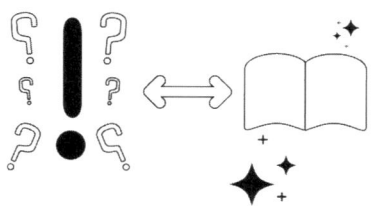

자전거 앞바퀴로만 달린다고 해서 인생을 잘못 산다고 말할 수는 없습니다. 오히려 먹고사는 데 필요한 앞바퀴가 제대로 움직여야 자아실현을 위한 미래의 뒷바퀴도 장착할 수 있습니다. 불안한 두 바퀴보다는 능숙한 외발자전거의 삶이 '성장'의 순서상 바람직할 수 있습니다.

#무책임한 회피

외발자전거로 달리는 것보다 더 위험한 상황이 있습니다. 앞바퀴가 위태로운 상태에서 어떻게든 뒷바퀴까지 끼워 달리려는 경우입니다. 현실에 위기가 닥쳤을 때 해결을 위해 적극적으로 팔을 걷어붙이는 사람이 있는가 하면, 문제는 회피하고 땜질식 대안을 찾아 정처 없이 떠도는 사람도 있습니다. 등 돌리고 눈감는 것은 해결책이 될 수 없습니다. 싫어도 문제와 정면으로 부딪치는 게 옳습니다. 그걸 알면서도 '회피를 선택'하는 사람들이 많습니다. 눈앞의 문제를 보고도 외면한다면 그것이 무능함이고 무책임함입니다. 생각해 보면 **인생의 문제는 풀지 못해서 못 푸**

는 게 아니라 달아나느라 못 풉니다. 인간은 알면서도 종종 무책임한 선택을 하는 모순된 존재입니다.

 자전거를 달리다 앞바퀴에 문제가 생기면 앞바퀴부터 고치는 게 순서입니다. 그런데 사는 게 힘들어지면 당장 먹고사는 데 필요한 앞바퀴는 외면하고 단번에 인생을 뒤엎을 만한 뒷바퀴를 찾아보려고 합니다. 제가 말하는 뒷바퀴란 삶의 안정 위에 차근차근 결과를 다져가며 성장해가는 자아실현의 과정을 의미하지만, 여기서는 한탕주의로 변질된 뒷바퀴를 말합니다. '누구나' '하면' '된다'라는 이런 맹목적인 부추김이 자기계발 분위기를 과열시킵니다. 경제 상황과 자기계발 시장은 민감하게 연결되어 있어서 사는 데 위기를 느끼면 자기계발 분위기도 뜨거워집니다. 먹고사는 문제는 생존의 욕구여서 이 문제가 막히면 인간은 즉각적으로 불안을 느끼니까요.

 최근 분위기도 그런 것 같습니다. 의욕적으로 찾아 들어간 단톡방이 새벽부터 알람을 쏟아냅니다. 새벽 기상 시간부터 잠들기 전까지 실행하고 인증할 것들이 넘쳐납니다. 처음에는 자기계발을 하겠다는 의욕으로 시작했는데 하다 보면 옆 사람과 '더 잘하기 경쟁'을 하고 있습니다. 어긋난 경쟁입니다. 뒤처지는 사람은 슬그머니 방을 나와 잠적합니다. 그런데 이도 잠깐입니다. 조만간 새로운 단톡방에 또 입장합니다.

이렇게 1년 내내 결과는 없고 노력은 최대치인 자기계발에 매달리는 분들이 적지 않습니다. 그분들께 새벽 기상을 왜 하냐고 물으면 무언가 달라질 것 같아서라고 합니다. 책을 읽고, 필사하고, 긍정 확언을 하면 새로운 길이 열릴 것 같아서라고 합니다. 열심히 노력한다고 성공하지 않습니다. 성공을 노력의 결과로 설명하는 인과론은 불안한 사람의 마음을 꾀기 좋습니다. 노력만이 살길이라는 구호는 산업화 시대에서 끝나버린 환상입니다. 자기계발은 신화가 아닙니다. 주관 없이 맹목적으로 매달려서는 아무것도 달라지지 않습니다. 목적 없는 방향은 방황이고 방향 없는 목적은 허상입니다. 진정 변화하고자 한다면 인생의 목표와 목적을 딱 떨어지게 설명한 자기만의 한 문장을 지녀야 합니다. 목표는 무엇을 할 것인가를 묻는 대답이고, 목적은 단계별 목표를 통해 당신이 추구하는 삶의 가치가 무엇인지를 가리키는 것입니다. 자기계발의 추진력은 목표와 목적이 일직선으로 연결될 때 저절로 발동됩니다. 갈 길이 눈앞에 보이니 가게 되는 것이죠. 목적인 '여행'은 멈춘 자리에서의 설렘이고, 목표인 '제주도'는 자리를 박차고 떠나도록 만드는 행동입니다. 상상만 할 게 아닙니다. 제주도행 항공권을 당장 예약하세요. 목적을 목표와 잇는 겁니다. 그 순간 당신은 상상이 아닌 현실의 주체가 됩니다.

'자기계발'도 마찬가지입니다. '뭐든 되겠지'가 아닙니다. '무엇을 이루고, 무엇이 되겠다'하는 주제가 명확히 설정될 때 당신의 '자기계발'은 알아서 굴러가는 '자동계발'이 됩니다. 막무가내로 남을 따라다닐 게 아니라 누가 뭐라 해도 내 갈 길은 내가 잘 알고 가야 하지 않겠습니까?

#앞바퀴를 잘 굴리면 뒷바퀴는 절로 생긴다

브랜딩 특강에 참석하는 청중에게 받는 단골 질문이 있습니다. '좋아하는 일'과 '잘하는 일' 가운데 어느 쪽을 선택해야 하냐는 것입니다. 익숙한 질문이지만 쉽게 답할 수 있는 질문은 아닙니다. 한쪽이 언제나 답일 수는 없기 때문입니다. 하지만 저의 경우에 비춰 말하라면 제 대답은 늘 같습니다. 저는 '잘하는 일'이라 말합니다. 생각해 보세요. '좋아한다는 것'은 감정의 영역입니다. 인간의 감정은 환경에 따라 수시로 바뀌지요. 가령 좋아하는 사람과 자주 걷던 동네였어도 헤어지고 나면 쳐다보기도 싫어지는 것처럼요. 사람이 무언가를 좋아하게 되는 감정은 두 가지 조건이 충족되면 생깁니다. 자신이 남보다 객관적으로 잘하는 게 있고(아주 뛰어나지 않아도 됩니다), 이런 자신의 능력을 주변 사람에게 구체적으로 인정받을 때입니다. 당신이 좋아했던 일들을 돌아보면 대체로 그랬을 겁니다.

타인과의 비교, 타인의 시선과 상관없이 순수하게 좋아하는 것도 있지 않냐고 반문할 수 있습니다. 그렇습니다. 잘하고 못하고를 떠나서 타인의 시선에 얽매이지 않고 즐거운 감정을 만끽할 수 있습니다. 그것은 취미의 영역입니다. 취미는 경쟁, 성과, 성장과 별개로 당신의 몸과 의식을 이완시키고 휴식을 주니까요.

 당신 머릿속을 들여다봅시다. 혹시 '좋아하는 것'과 '잘하는 것' 두 영역이 뚜렷하게 나뉘어 있지는 않습니까. 둘 중 하나만 선택해야 한다는 강박감이 있지는 않습니까. 저도 한때 이 틀에 갇혀 깊이 방황했던 적이 있습니다.

 잘하는 일을 타인에게 인정받는 수준까지 끌어올리면 좋아하는 일이 될 가능성이 무척 커집니다. 개인 브랜드 컨설팅을 하다 보면 오랜 시간 쌓아온 경력을 내려놓고 해보지 않은 낯선 영역에 도전하려는 경우를 종종 보게 됩니다. 이유를 생각해 보면 잘해온 것을 더는 인정받을 수 없는 환경이 되어서입니다. 대표적인 경우가 은퇴입니다. **은퇴는 단지 직임을 내려놓는 것인데 안타깝게도 평생 쌓아온 경험과 지식까지 함께 은퇴시켜버립니다.** 중년에게 명함을 빼앗기는 것만큼 두려운 일은 없을 겁니다. 명함 한 장에 알아서 허리를 굽히는 사회가 한국이니까요. 그런 자리에 있다가 은퇴를 하게 되면 자기가 가진 권력을 그대로 빼앗기는 일이어서 무어라도 자리를 대체할 수 있는 일을 찾게 되고 조급한 마음에 경험한 적 없는 낯선 영역에 섣불리 뛰어들고 맙니다. 회사에서도 지금껏 잘 해왔으니 혼자 나와서도 잘하리라 생각합니다. 자기 판이 아닌 생경한 남의 판에서 성과를 내기가 과연 쉬울까요?

은퇴했다고 자신이 쌓아온 경험과 지식까지 쉽게 내려놓아서는 안 됩니다. 은퇴자, 경력 단절 여성, 자영업자, 1인 기업가, 프리랜서 할 것 없이 상황이 달라졌다고 해서 성급하게 잘해오던 일을 포기하고 자기 영역 밖을 기웃거리는 것은, 지금껏 쌓아온 소중한 경험을 내다 버리는 일입니다.

언젠가 브랜딩 강연이 끝나고 한 청년이 찾아왔습니다. 아버지를 꼭 한 번 만나달라고 하더군요. 이야기를 들어보니 아버지는 건설업에서 한때 방송에도 출연할 만큼 잘나가던 직장인이었습니다. 하지만 은퇴 후 아버지의 시간은 멈추었고 상황은 급변했습니다. 아버지를 찾던 그 많던 목소리는 사라지고 하루하루 일거리를 찾아야 하는 삶이 아들은 안쓰러웠습니다. 직접 만나보니 아버지는 건설업에 상당한 식견을 가진 분이었습니다. 특히나 하도급법에 대해 정통했습니다. 충분한 지식과 경험이 있으면서도 은퇴와 함께 30년 경력까지 은퇴시켜버린 겁니다. **이처럼 은퇴를 목전에 둔 분들은 '앞으로 무엇을 할까'를 고민하고, 이미 은퇴한 분들은 '오늘은 무엇을 할까'를 고민합니다.** 돈으로 여생이 보장된다고 해서 삶이 행복할까요? 사람은 밥만 먹고 살 수 없습니다. 조직을 떠난 뒤에도 인간은 늘 역동적인 삶에 목마릅니다. '오늘 뭐 하지?'라는 고민만큼 사람을 작아지게 만드는 생각은 없습니다.

저는 청년의 아버지에게 지금껏 가장 잘해온 것으로 멋진 책을 만들어 보자고 제안했습니다. 책이라고 하니 처음에는 쓴다는 것에 부담을 느끼신 것 같습니다. 그래서 관련 서적 몇 종을 추천했습니다. 읽어보시면 이 정도면 할 수 있겠다는 자신감이 생기지 않을까 생각했습니다. 그렇게 집필을 시작했고, 6개월 후 책 《하도급 솔루션》이 출판되었습니다. 현재 아버지는 건설업 법·제도 전문 교육 강사로 두 번째 명함을 얻었습니다. 첫 번째 바퀴를 고쳐 끼운 덕분에 이제 자신만의 강의 영역을 넓혀가며 당신 인생에서 가장 젊은 60대 후반을 보내고 있습니다.

평생을 잘 길들인 앞바퀴를 '절대!' '함부로!' 버려서는 안 됩니다. 오히려 은퇴 후에도 계속 전진할 수 있도록 달라진 환경에 맞춰서 쓸 때 뒷바퀴도 자연스럽게 다시 굴러갑니다. 환경이 바뀌었다고 해서 당신의 귀한 경험이 사라지지 않습니다. 새로운 것을 구할 것이 아니라 자기 것을 새롭게 해석하는 힘, 이것이야말로 당신의 저력을 제대로 활용하는 창의의 원천입니다.

　쉰의 이직, 예순의 퇴직이 두려운 게 아닙니다. 새로운 길을 모색하는 데 쉬어가는 그 잠깐의 무료함이 두려운 겁니다. 뜻하지 않은 강제 휴식도 삶의 일부입니다. 서로를 이겨야 하는 전쟁에서도 호흡을 고를 때가 있습니다. 삶의 대전환을 위한 결심은 휴식을 이용해 재정비해야 합니다. 쉼은 재창조를 위해 자신의 지난 경험을 모조리 풀어놓고 새로운 가능성을 타진하는 시간입니다. 내가 가진 무기를 확인하고, 이것으로 '나는 무엇을 가장 잘할 수 있는가'를 생각합니다. 재도전할 분야를 정하고 뜻을 세웠으면 그때 경쟁의 전장으로 나가는 겁니다. 출전 전부터 당신의 가슴은 이미 생의 열정으로 뜨거워져 있습니다. 지금껏 당신이 가장 잘해온 것을 앞세워 새로운 당신을 만날 준비가 되어 있기 때문입니다.

　지금부터의 시간은 '남은 시간'이 아닙니다. 다시 돌아온 당신의 계절입니다. 이 장의 마지막은 박노해 시인의 〈다시〉라는 시의 일부를 소개하는 것으로 마무리하겠습니다. 은퇴만 했을 뿐 당신은 여전히 당신입니다. 당신에게 당신은 최고의 희망입니다.

희망찬 사람은
그 자신이 희망이다.

길 찾는 사람은
그 자신이 새 길이다.

참 좋은 사람은
그 자신이 이미 좋은 세상이다.

(중략)

박노해 시집 중

다
시

목적을 향한 사다리

 자기만의 뚜렷한 목적은 어떻게 찾을 수 있을까요? 그림을 보면 쉽게 이해할 수 있습니다.

그림 아래쪽에는 저마다의 직업과 전공, 경험, 지식이 분포합니다. 학창 시절 그리고 졸업 후 사회에 진출할 때쯤 당신의 인생 중심은 '나'에게 맞춰져 있습니다. 그러다 경험이 쌓이고 사회적 지위가 올라가면 자기에게 집중되었던 관심이 타인에게로 차츰 옮겨가기 시작합니다. 나를 위한 삶에서 타인을 위한 삶으로의 위대한 전환을 꿈꾸는 것이야말로 자기 존재를 증명하고픈 인간의 최상위 가치가 아닐까 싶습니다.

하지만 현실에서 우리는 관심이 타인에게로 옮겨가지 못한 어른들을 자주 목격합니다. 아이러니하게도 시민에게 봉사해야 할 위치에 있는 사람들 중에도 있습니다. 심심찮게 뉴스에 등장하는 권력을 가진 부패한 정치인이나 부도덕한 경영자들이 그렇습니다. 이들은 매우 튼튼한 앞바퀴를 가졌지만, 정작 뒷바퀴 없는 외발자전거의 삶을 살아갑니다. 타인은 안중에 없고 자기 배를 불릴 생각만 합니다. 생존에 대한 고민만 가득할 뿐, 존재에 대한 고민이 없습니다. 이런 사람들이 힘을 가지면 다수의 삶이 위태로워집니다. 앞바퀴가 잘 돌아가면 자연히 뒷바퀴를 달기 위해 애쓰는 것이 양심을 가진 정상적인 인간입니다. 이런 정상적인 범위 안에 있는 사람만이 '나'라는 이기적 생존의 개념에서 '우리'라는 이타적 가치의 개념으로 이 세계를 바라보는 관점 이동을 하게 됩니다. 삶의 곳곳에 존재하는 무수한 타인이 서로를 껴안고 '우리'라는 울타리를 함께 칠 때 체온을 나누는 따뜻한 공동체가 됩니다.

#지금, 당신의 시간은 어디에 있습니까

저는 개인 브랜드 컨설팅과 함께 기업 '위기관리시나리오' 컨설팅을 하고 있습니다. 여기서 '위기'라 함은 최고경영자의 신변에 관한 사항입니다. 만일에 대비해 사후**死後**를 어떻게 준비할지 세부계획을 수립하는 것이 핵심업무입니다. 업무 특성상 고인의 모습을 보게 되는데, 수천 수조 원의 자산을 가진 재력가라고 할지라도 죽음 후에는 앙상하게 마른 육신만 남습니다. 수의를 입히기 전 알몸으로 누워 있는 존재는 시체일 뿐입니다. 저에게는 빈번한 죽음이 추상적이지 않습니다. 죽어감에서 주검이 되는 과정을 접하면서부터 명백하게 깨달은 사실이 하나 있습니다. 사람은 죽는다는 것입니다. 그건 누구나 알지 않냐고요? 글쎄요, 사람들은 자신이 죽지 않을 것처럼 살아가니까요. 죽음을 자신의 삶과 동떨어진 남의 일로만 인식할 뿐 별다른 관심이 없습니다. 하지만 죽음은 근본적이고 객관적인 인간의 한계입니다.

 죽음을 생각하면 두렵다고 합니다. 그래서 눈을 질끈 감았는데 더 무시무시한 게 도사리고 있습니다. 바로 '시간'입니다. 사람이 가장 다루기 두려워하는 것이 '시간'입니다. 불안의 근원은 당신에게 주어진 시간을 통제하지 못하는 데서 옵니다. 독일 철학자 하이데거는 존재의 본질을 '불안'으로 보았습니다. 당신은 스스로 원해서 태어난 게 아닙니다. 의식을 차려봤더니 태어나 있었지요. 숨이 붙은 채 내던져진 이상 어떻게든 당신에게 부여된 삶을 살아내야 합니다. 부여된 삶이란 무엇입니까. 숨이 붙어 있는 길이만큼 이미 결정된 '시간'입니다. 단지 당신이 언제 죽을지만 알 수 없을 뿐입니다.

죽음을 피해 달아났는데 그곳에 시간이 떡하니 기다리고 있습니다. 당신의 시간은 언젠가 반드시 멈춥니다. 그 사실을 의식하고 사는가 그렇지 않은가에 따라서 삶을 바라보는 태도가 달라집니다. 죽음을 기억하라는 뜻의 '메멘토모리memento mori'는 우리 삶도 결국 모래시계 속 시한부 운명이라는 사실을 직시하고 '당신의 시간'을 알라는 말입니다. 이것은 저주가 아닙니다. 시간을 계획하고 통제하게 되면 시간의 끝을 향해 걸어가는 삶은 오히려 역동성을 띱니다.

죽음을 직시하면 시간의 길road이 보입니다. 길을 잃었을 때 주변에 보이는 큰 건물을 찾듯 '지금 당신의 시간'에서 죽음을 생각하고 시간을 역으로 계획하기 시작하면 삶의

현주소를 확인할 수 있습니다. 이때 '쓰기'가 유용한 도구가 될 수 있습니다.

 매일 일기를 쓰거나, 다이어리를 작성하는 사람에게는 살아있음의 감각을 잃지 않는 비범함이 있습니다. 쓴다는 것은 알 수 없는 것에 대한 언어를 찾는 일이어서 그 과정에서 만나지 못한 세계를 들여다보게 하는 힘이 있습니다. '내가 내일 죽는다면'이라고 가정한 문장으로 글을 써봅시다. 죽음을 경험한 적 없으니 실은 현실의 삶에 관해서 쓰게 될 것이며, 그로 인해 당신의 가장 선명한 현재를 보게 될 것입니다. 이번에는 당신 삶에서 가장 소중한 것 열 가지를 적어봅시다. 가령 시한부 삶을 선고받았다고 하고 그중 매일 한 가지를 삶에서 찢어버려야 한다고 생각해 보세요. 내 삶을 지탱해온 소중한 가치들이 당장 눈앞에 고스란히 드러날 겁니다.

'지금 당신의 시간은 어디에 있습니까.'

 마흔 이후 인문고전에 관심을 가지는 것은 자연스러운 현상입니다. 중년으로 접어들면 가까운 친지나 부모의 죽음을 경험하게 됩니다. 죽음이 전보다 피부 가까이 와닿는 것이죠. 자신의 모습도 변하기 시작합니다. 흰머리가 부쩍 늘고 볼과 턱살이 처집니다. 노화의 기미가 서서히 보입니다. 그제야 '아, 늙는구나'하고 이른 아침 세면대에서 죽음을 멀찍이라도 생각하게 됩니다. 죽음을 생각하면 '지금 여기'가 유독 실감 납니다. 현재 당신의 시간을 기점으로 지금껏 어떻게 살아왔고, 앞으로 어떻게 살아가야 할지에 대한 질문을 던져보게 됩니다. 이 과정에서 외발자전거를 탄 자기중심적인 아집을 조금 놓게 되고, 동시에 '함께'라는 이타적인 시선으로 한걸음 옮겨가게 되는 것입니다. 나이가 들수록 사람이 너그러워지는 것은 의식과 무의식을 넘나들며 죽음이라는 스승을 전보다 삶 가까이 느끼기 때문입니다.

은퇴를 눈앞에 둔 분들은

'앞으로 무엇을 할까'를 고민하고,

이미 은퇴한 분들은 '오늘은 무엇을 할까'를 고민합니다.

책,
이렇게 읽으니 발전이 없다

Part. 2

읽기만 해서는 시간 낭비다
책장을 보면 진단이 된다
책, 자랑하지 말자
책, 믿지 말자

읽기만 해서는 시간 낭비다

'영포티young forty'라는 말 들어보셨나요? 자기를 위해 과감히 투자할 줄 아는 요즘 40대를 일컫는 말입니다. 언젠가 최불암 선생님과 배우 공유의 40대 얼굴을 나란히 비교한 사진을 보았는데 같은 40대여도 확실히 공유가 훨씬 젊어보이더군요.

시대가 변하면 시대를 구성하는 콘텐츠도 변합니다. 책도 그렇습니다. 70년대만 해도 책이 귀했습니다. 과거에 지식은 책이 아니고서는 유통될 길이 없었습니다. 읽을거리가 적었던 시대였습니다. 닥치는 대로 읽으라고 강조했던 선배들의 말은 흘러가는 시대의 맥락만 훑어봐도 온전히 받아들이기는 어렵습니다.

#책은 컨테이너

모든 환경이 변했습니다. 반드시 책이라는 컨테이너container에 콘텐츠contents를 싣지 않아도 지식을 실어나르는 채널은 셀 수 없을 만큼 많아졌습니다. 책은 지식을 담는 컨테이너입니다. 이것이 책의 본질입니다. 저는 전자책과 종이책만을 책이라 생각하지는 않습니다. 지식과 주관적 견해를 접할 수 있는 모든 채널, 모든 컨테이너를 이제는 책과 같은 선상에서 이해해야 합니다.

그렇다면 'SNS도 책으로 생각해야 하는가?' 하는 질문을 할 수도 있겠네요. 과하게 들릴지는 모르겠지만 저는 그렇다고 생각합니다. 당신이 인식하는 세계만이 당신의 세계입니다. 우리가 어떤 존재로 거듭날지는 '책'을 어떤 의미로 받아들이고 있느냐에 달려있습니다. 왼쪽으로 휘어지며 넘어가는 종이책도 시대를 거슬러 올라가면 지금과는 다른 모습이었습니다. 종이가 발명되기 훨씬 이전인 기원전 2세기부터 거의 1,000년 이상 양피지로 책을 만들었고 시대를 더 거슬러 올라가면 죽간과 점토가 지식의 컨테이너 역할을 대신했습니다. 지금은 페이스북, 인스타그램, 블로그가 새로운 시대의 컨테이너입니다. 실시간 경제 동향이나 최근 이슈를 알기 위해 책을 읽는 것보다 당장 주머니 속 스마트폰을 꺼내는 것이 더 익숙하지 않습니까?

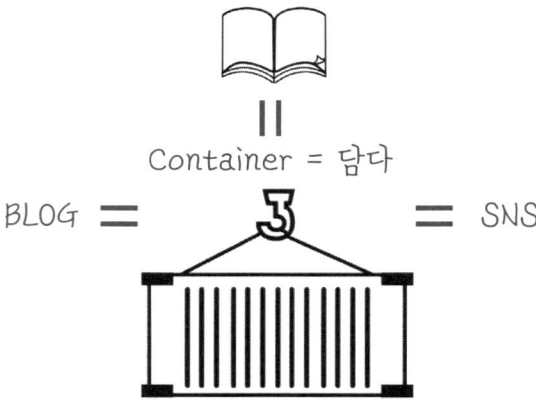

지식을 담는 컨테이너는 시대에 맞게 진화했고 빠르게 확장되었습니다. 종이책이라 해서 언어의 농도가 특별히

더 진할 것이라는 생각은 착각입니다. 책은 삶의 양식이고 무조건 읽어야 한다는 인식의 밑바탕에는 책의 권위를 추앙하는 심리가 두껍게 깔려 있습니다. 이런 심리를 이용해서 독자에게 다독을 강권하는 책들이 넘칩니다. 밥이 과하면 체하고, 강압도 지나치면 심리적 저항을 불러옵니다. 30분에 책 한 권을 읽으라는 주장에 따를 거라면 차라리 자신에게 필요한 지식을 30분간 인터넷 검색하는 것이 훨씬 생산적일 것입니다.

#그렇다면 책은 왜 필요한가

SNS는 실시간 네트워크를 타고 빠르게 퍼지는 수평적 지식이지만, 책은 오랜 시간 수직적으로 축적되어 온 지식입니다. 가령 당신이 '니체'를 읽고 싶다고 해도 서양철학사에 대한 배경 없이는 니체를 온전히 이해할 수 없습니다. 니체를 알려고 하다 쇼펜하우어를 만나게 되고 그러다 보면 자연히 칸트까지 내려가게 됩니다. 수직적으로 축적된 지식은 전체 맥락을 이해하지 못하고서는 단편적 앎의 한계에 부딪힐 수밖에 없습니다. 그러니 이러한 책은 긴 시간을 들여 차분히 접근해야 합니다. 책이 아닌 다른 컨테이너로는 시대를 통째로 엮은 거대한 지식을 담을 수 없습니다. 책은 책 나름의 자기 역할이 분명히 있습니다.

#읽지 않을 책은 사지 않는다

책을 사두면 언젠가는 읽는다는 개인의 책 취향까지 문제 삼진 않겠습니다. 그러나 당신이 가성비를 따지는 독서법을 고민하고 있다면 무턱대고 책을 사 모으는 습관은 돈 낭비, 공간 낭비, 시간 낭비, 삶의 집중력을 낭비하는 일이라 조언하고 싶습니다.

읽지도 않을 책을 기분에 이끌려서 사면 유흥입니다. 흔한 쇼핑 목록 중 하나일 뿐입니다. 책을 쇼핑한다는 게 잘못이라는 말은 아닙니다. 읽을 생각도 없으면서 책 사는 행위 자체를 즐기는 분들도 있습니다. 최소한 이 글을 읽는 당신은 책 한 권이 단단한 삶의 토대가 되기를 바라는 분이라고 믿기에 '안 읽을 책은 사지 않는다'는 독서 원칙을 공유하고자 합니다.

  요즘 같은 책의 홍수 속에서는 읽을 책 안 읽을 책 구별이 더 어렵습니다. 기분 내키는 대로 책들 사 모으다 보면 어느새 거대한 벽이 되어버린 책들이 '읽는 기쁨'을 막아섭니다. 읽어도 읽어도 성취감을 느낄 수가 없습니다. 사막에서 사람이 죽는 이유는 길이 없어서가 아니라 오히려 사방으로 길이 나 있기 때문입니다. 어디로 가야 할지 몰라서 제자리를 맴돌다 죽는 것입니다. 살기 위해서는 수천 갈래의 길이 아니라 스스로 확신하는 한 길을 정하고 걸을 수 있어야 합니다.

  #방황에 종지부를 찍을 두 가지 기준
  당신에겐 열린 방황에 종지부를 찍을 책 선택 기준이 있습니까? '무엇을 읽어야 하는가'의 이유가 분명해지면 책을 고르는 일은 쉽습니다.

책을 선택할 때 저는 두 가지만 생각합니다. 첫 번째, **현재 저의 문제를 해결할 수 있는지를 봅니다.** 그렇다면 책 선택에 앞서 구체적인 문제부터 정립해야겠죠. 독서에 앞서 자기 문제를 확인하고 정리하는 일은 중요합니다. (1) 멀리 갈 것 없이 당신 인생을 불안하고, 불편하고, 불만족스럽게 만드는 것을 떠올려 보세요. 추상적인 감정에 묻어둔 불안을 하나씩 꺼내 글로 써보면서 문제를 구체화해 보세요. 글로 풀어낸 문제를 하나씩 열거해 보고 해결해야 할 우선순위를 정한 다음 (2) 무리하지 않는 선에서 꾸준히 읽기를 지속할 수 있는 시간을 확보합니다. 그런 다음 (3) 해결의 실마리가 될 책을 하나씩 찾아보세요. 문제가 명확하면 해결 과정도 구체적입니다. 수만 권의 책이 쌓인 도서관에서 이전과 달리 '문제'가 무엇인지 알고 있는 당신의 발걸음은 아무리 서가가 넓어도 원하는 책이 꽂혀 있는 자리를 정확히 찾아갑니다. 이렇게 문제와 해결을 1대1로 만나는 한 권의 책이라면 단어 하나하나가 피부에 박히듯 스밀 것입니다.

- 나를 불편하게 만드는 것은 무엇인가
- 이 문제를 해결할 방법은 무엇인가?
- 무엇을 읽어야 할 것인가?

책을 선택할 때 생각하는 두 번째는 **예측 가능한 미래의 문제를 현재 시점으로 당겨와 고민해 보는 겁니다.** 예를 들어 '지금 은퇴한다면 나는 무엇을 해야 할까?'라고 문제를 제기해봅니다. 인생의 시간을 조금 앞당겨 가정해 보는 겁니다.

개인 브랜드 컨설팅을 하다 보면 은퇴하고 준비 없이 사업에 뛰어들었다가 어려움을 겪는 분들을 만날 때가 있습니다. 은퇴는 이미 정해진 미래였는데 앞당겨서 구체적으로 고민해 보지 않고 미룬 삶의 대가는 가혹했습니다. 퇴직금에 대출까지 내서 시작한 사업이 1년을 못 버티고 폐업하게 되었다면 과연 어떤 심정이겠습니까.

지난여름 한 40대 남성이 저를 찾아왔습니다. 회사에서의 입지가 좁아지자 퇴사를 결심했다더군요. 이분의 퇴사 후 사업 계획을 듣다가 말을 급하게 끊고 물었습니다. "말씀하신 사업 구상에서 하나라도 어긋나면 어떻게 됩니까?" 이분이 뭐라고 답했을까요? 입을 꾹 다물고 한참을 고민하다 내놓은 답은 "방법이… 없겠는데요."였습니다. 중학교에 다니는 두 딸을 둔 아버지로서 퇴사는 인생을 뒤흔들 중차대한 문제임에도 그 후에 닥칠 수 있는 삶의 후폭풍을 제대로 파악조차 하지 않은 채 퇴사를 결행하려던 찰나였습니다. 이야기를 듣는 내내 얼마나 가슴이 조마조마했는지 모릅니다. 저는 퇴사를 만류했고 어떻게든 1년만 더 버티자고 했습니다. 드러난 문제점을 보완하고 플랜B까지 준비되면 다시 만나자고 얘기하고 돌려보냈습니다.

눈앞의 문제에 눈을 감아버리면 작았던 일이 어느새 눈덩이처럼 불어나 더 큰 화가 닥칩니다. 불편하더라도 현실을 외면하지 않고 적극적으로 문제를 겨냥하려는 태도가 필요합니다. 진실이라는 것은 숨고 싶을 만큼 불안하고 위태로워서 불편한 것입니다. 하지만 문제를 파헤치겠다는 심리적인 각성이 있어야만 당신에게 필요한 게 무엇인지 제대로 보입니다. 그것은 책이기도 하고 관계이기도 하고 기회를 포착하는 타이밍일 수도 있습니다. 이렇게 해서 문제로부터 찾은 필요조건들은 당신 삶에 즉각적인 변화를 예고합니다. 변화의 조짐은 추상적 느낌의 차원에서 오는 게 아닙니다. 무엇을 어떻게 해야 할지를 분명히 알게 하고 당신을 구체적으로 움직이게 만듭니다. 이때 생각은 명료해지고 동선은 선명해집니다.

책장을 보면 진단이 된다

　당신이 사 모은 책들이 책장에 빼곡합니다. 책장을 보면 현재 그 사람의 관심사를 파악할 수 있습니다. 문제에서 출발한 독서를 하게 되면 해결의 욕구가 반영된 책들이 책장 속에 하나의 카테고리를 형성하기 때문입니다.

　인생에 산적한 문제를 하나씩 풀어갈 때마다 당신은 더 높은 차원의 문제를 궁리하고 사색하며 앎을 실천하게 됩니다. 풀이를 거듭할수록 난도는 차츰 높아집니다. 문제로부터 출발하는 풀이 방식에 익숙해지면 어떤 어려운 상황이 닥치더라도 쉽게 물러서지 않습니다. 문제를 꿰매고 나가는 바느질이 거듭될수록 구멍 난 사유의 그물망은 더 촘촘히 매워집니다.

　사유의 시선은 탄력적입니다. 카메라 렌즈를 돌리면 줌인 줌아웃을 자유롭게 조절할 수 있습니다. 나를 둘러싼 환경을 자세히 들여다보는 개미의 시선과 거시적 흐름을 조망하는 새의 시선, 경계를 넘나들며 주변을 탐색하는 물고기의 시선이 동시에 작동하는 시각을 의미합니다. 시선이 경직되면 당신이 머무는 세계 밖을 볼 수 없습니다.

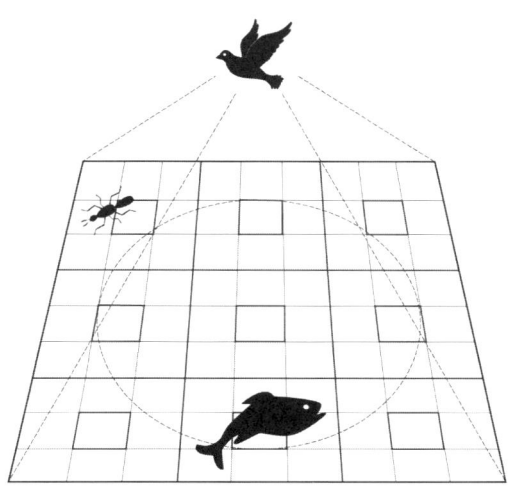

문제를 해결할 때마다 새롭게 얻은 경험지식이 가지 하나를 뻗어 냅니다. 가지가 하나둘씩 늘어나고 서로 교차하면서 지식 이전의 지식, 경험 이전의 경험을 넘어서는 창의적 사고가 일어납니다. 이것이 머릿속에서 빠르게 자동연산 되고 스스로 답을 도출해내는 힘을 '뇌 가소성'이라고 합니다. 문제로부터 출발한 경험지식은 책만 읽고 체득한 지식과는 질적인 차이가 있습니다. 경험지식은 문제 해결력을 갖춘 지식입니다. 문제를 풀면 풀수록 당신은 더 높은 차원의 문제 해결력을 갖게 됩니다.

 '책과강연'과 강연 플랫폼 '비즈인큐'를 처음부터 지금처럼 만들겠다고 생각한 것이 아닙니다. 2평짜리 강의실에서 작은 아이디어, 작은 영감 하나로 시작했습니다. 계획대로 된 일보다 되지 않은 일이 더 많았지만, 실패와 실수를 거듭할 때마다 전에 없던 지식과 경험을 얻을 수 있었습니다. 문제 자체가 문제가 아닙니다. 무엇이 문제인지 알지 못하는 상태가 지속되면 그것이야말로 심각한 문제입니다.

실패야말로 가장 적극적인 배움입니다.

 눈앞의 목표를 달성하면 한 뼘 높아진 저를 갱신하기 위한 다음 목표를 세웠습니다. 거듭된 경험, 부지런한 배움이 합쳐질 때 비즈니스는 늘 한걸음 앞서가며 제가 해야 할 일을 알려주었습니다. 방황하지 않고 일직선으로 일에 최선을 다할 수 있었던 이유입니다. 삶을 바꾸고 싶다면 단단한 목적이 있어야 하고 층층이 올라갈 수 있게 잘게 자른 목표가 있어야 하며 자신을 막아서는 문제가 무엇인지 그것을 어떻게 해결할 것인지에 대한 구체적인 계획이 있어야 합니다. 여기에 '책'은 해결의 열쇠가 될 1순위입니다. 하지만 읽기만 하고 실천하지 않는 독서는 무용한 덩어리에 불과합니다.

 저는 다독 자체를 나쁘다고 말하는 게 아닙니다. 당신의 독서습관이 과연 문제 해결력으로 이어져 왔는가 스스로 따져보라는 것입니다. 책을 읽으면 억지로라도 끝은 냅니다. 진짜 골치는 읽고도 여전히 자기 문제를 풀지 못한다는 것이죠. 독서의 가치를 방을 채운 부피와 저울에 올린 책의 중량으로 평가할 수는 없겠죠.

#책장을 보면 진단이 나온다

자, 이제 당신의 책장을 진단해 봅시다. 책장 진단은 '다독을 하고 있음에도 어째서 삶에 구체적인 변화가 없는가'를 고민하는 분이라면 관심 있게 읽어봐 주시기 바랍니다.

책장 진단 첫 번째, 먼저 책장에 꽂힌 책들이 **현재 당신이 고민하는 문제에 맞춰져 있는지부터 확인**합니다. 만약 책장 속에 꽂힌 책들이 중구난방이어서 도무지 맥락이 읽히지 않는다면 지금 읽고 있는 모든 책을 내려놓으십시오. 우선 당신을 불편하게 만드는 현재의 문제를 파악하거나, 충분히 예상 가능한 미래의 고민을 현재 시점으로 끌어와 종이에 써가면서 문제를 구체화해 봅시다.

현재 또는 가까운 미래의 문제를
구체화할 때 도움이 되는 질문

① 나를 불안, 불편, 불만족스럽게 만드는 것은 무엇인가?

② 지금, 이 순간! 가장 먼저 해결해야 할 문제는 무엇인가?

③ 이 문제를 해결하기 위해서 내가 할 수 있는 일은 무엇인가?

④ 이 문제를 해결하는 데 나를 도와줄 사람은 누구인가?

⑤ 이 문제를 해결하는 데 내가 이용할 수 있는 정보는 무엇이며

어디에서 찾을 수 있는가?

⑥ 이 문제를 해결했을 때 나에게 일어날 변화는 무엇인가?

⑦ 위의 항목을 통해 문제를 파악하기 위한 요건이 갖추어졌다

면 문제의 구체화, 해결 과정 및 전략, 기대할 수 있는 변화성장의

과정을 글로 작성해 보자.

책장 진단 두 번째, 목적이 분명한 독서를 할 때 해당 분야와 관련이 없는 책, 관련이 있다고 하더라도 6개월 이상 읽지 않은 책이라면 정리하시기 바랍니다. 책장은 작을수록 좋고 책은 적을수록 좋습니다. 반드시 읽을 책만 남겨 두고, 읽지 않을 책은 보이지 않는 데 수납하거나 버리는 게 좋습니다. 먼지 쌓인 책은 언젠가는 읽어야 한다는 부담만 주지 도움 될 게 없습니다. '언젠가는 읽는다'라는 생각을 버려야 당장 읽어야 할 책에 소홀하지 않습니다.

책, 자랑하지 말자

　1천 권을 읽든, 1만 권을 읽든 책 탑 쌓기가 당신의 지식 수준을 결정하는 절댓값은 아닙니다. 적용과 반성 없이 안으로만 지식을 쌓다 보면 자칫 오만과 편견의 수렁에 빠지기 십상입니다. 지식 차원의 '안다'와 경험 끝에 얻은 '안다'는 결이 다른 관점이어서 갇힌 지식만 믿다가 인생을 오판하는 비극은 우리 주변에서 자주 일어납니다.

　은퇴 후 자신만만하게 밀어붙인 사업이 안타까운 결말을 맞이하는 경우가 흔한 예입니다. 조직 안에서 성과를 냈으니 혼자 나와서도 잘할 것이라 생각하면 오산입니다. 은퇴하고 나면 주변에서 어떻게 알았는지 솔깃한 제안과 권유로 마음을 어지럽힙니다. 노년이라 하기에는 아직 인생이 한창이고, 힘과 삶의 여유도 있다 보니 그만 덥석 내민 손을 잡고 맙니다. 나이를 떠나 주체적으로 생각할 힘을 잃으면 인간은 그 순간부터 위험해집니다. 한 번의 오판으로 30, 40년의 공든 탑이 무너지는 일은 생각보다 잦습니다.

다독도 마찬가지입니다. '다독만 하고 결과는 내지 않는 사람들' '불안을 부추겨 다독을 권하는 잘난 사람들'이 당신의 적입니다. 책 속에 길이 있다고 누가 그러던가요. 길은 당신 생각 속에 있습니다. 책 한 권을 읽더라도 저자의 생각에 당신의 생각을 접목해서 현실 문제를 지혜롭게 해결할 수 있는 삶의 방편을 찾아야 하죠. 책에는 삶이 존재하지 않습니다. 책을 뚫고 나온 지식의 혈관이 당신의 삶으로 이어져 영혼의 심장을 펄떡이게 할 때 비로소 책은 의미가 됩니다.

#츤도쿠와 북호더

'츤도쿠tsundoku'는 '쌓다'의 적(つむ:積)과 '읽다'의 독(どく, よむ:読)이 합쳐진 말입니다. 그대로 해석하면 '책 쌓기', 즉 책을 쌓기만 할 뿐 읽지 않는 사람을 뜻합니다. '북호더book hoarder'도 같은 의미로 해석할 수 있습니다. 책을 사기만 하고 읽지 않는 것은 책을 살 때 그 잠깐의 쾌락과 안심감 때문일 겁니다.

삶이 각박해질수록 자기계발서를 중심으로 책을 사재기하는 이들이 늘어납니다. 2020년 코로나로 전 세계가 멈추고 미래가 불안해지자 독자들은 교육과 자기계발, 재테크에 높은 관심을 보였습니다. 그해 말 교보문고는 한해를 결산하는 다섯 가지 키워드로 '팬데믹Pandemic', '나홀로Alone', '언택트Untact', '주식Stock', '교육Education'을 꼽았고, 2020년 국내 3대 서점에서 가장 많이 팔린 책 1위는 부를 끌어오는 성찰을 담은 《더 해빙》이 차지했습니다. 불안한 마음에 사재기를 하는 츤도쿠와 북호더가 자주 눈에 띈다는 것은 그만큼 현실의 삶이 어려워졌다는 뜻이겠죠.

 이런 분위기 속에서 여기, 책 쌓기를 멀리하고 '어떻게 읽어야 할지'에만 집중하는 독특한 서점이 있습니다. 2015년 5월 5일에 문을 연 도쿄 소재의 모리오카 서점 긴자점입니다. 이 서점에는 책을 올려두는 선반이 없습니다. 왜냐하면 서점에 책이 단 한 권뿐이기 때문입니다. 매주 주제를 바꿔가며 단 한 권의 책만 전시합니다. 서점 앞 유리에 이런 문구가 있습니다. '하나의 책, 하나의 공간 A single room with a single book' 모리오카 서점의 슬로건입니다. 공간도 하나, 책도 하나이고 자신을 드러내는 문장도 딱 하나입니다. 역시 목적이 명확합니다.

"作った人と買う(読む)人が、売る場所でより近い距離感でいてほしい。" 저자와 독자가 서점이라는 공간에서 서로를 더 가깝게 느꼈으면 했어요.

-모리오카 요시유키

5평 남짓한 작은 서점은 어쩌면 서점이라기보다 갤러리에 더 가까워 보이기도 합니다. 책의 주제와 관련된 작품을 함께 전시하고 팔기도 합니다. 가령 동화집을 판매할 때는 동화에 영감을 받아 창작된 작품을 전시하고, 건축 도서일 때는 관련 모형을 함께 설치하는 식입니다.

"하나의 책, 하나의 공간 콘셉트는 2차원의 책을 다차원으로 경험할 수 있게 해줍니다."

- 월간 〈디자인〉 인터뷰 중에서

모리오카 서점 주인인 모리오카 요시유키는 작가가 책에 들인 진심이 읽는 이에게 오롯이 전해지길 바라는 마음에 '한 권의 책만 전시하는 서점'을 콘셉트로 잡았다고 합니다. 작가를 온몸으로 느껴보라는 것이겠죠.

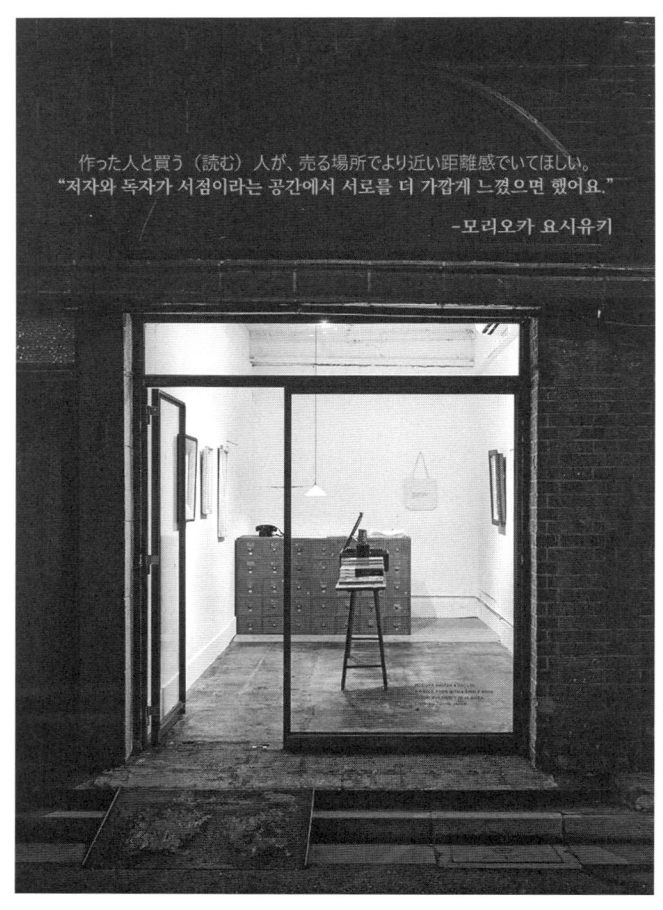

作った人と買う（読む）人が、売る場所でより近い距離感でいてほしい。
"저자와 독자가 서점이라는 공간에서 서로를 더 가깝게 느꼈으면 했어요."

-모리오카 요시유키

2019년 6월 종로구 서촌에도 세 평 남짓한 '한 권의 서점'이 생겼습니다. 반가운 소식입니다. 서점 이름은 말 그대로 '한 권의 서점'입니다. 한 달에 한 번씩 책을 전시하는데, 홈페이지에 들어가 보니(2022년 10월 23일 기준)벌써 스물네 번째 책이 전시 중이었습니다. 수많은 책을 피해 단 한 권의 책을 찾는 사람들을 위한 공간입니다. '모리오카 서점'과 '한 권의 서점'을 보면서 책을 얼마나 많이 읽어야 하는지를 생각하기 전에 우리는 '얼마나 많은 책을 읽을 수 없는가'의 진실 또한 볼 수 있어야 한다는 생각이 듭니다.

인류가 지금껏 쌓아 올린 거대한 지식 앞에서 고작 수천수만이라는 책의 숫자가 무슨 의미가 있을까요. 오늘도 내일도 신간은 끊임없이 쏟아질 테고 당신은 계속 불안할 테죠.

 책은 삶의 문제를 해결하는 데 유용한 수단이기에 더 잘 알고 더 잘 써야 합니다. 몇 권이나 읽었나를 따지는 차원에서 벗어나 무엇을 읽고(문제는 무엇인가), 왜 읽으며(문제 해결을 통해 어떠한 변화를 원하는가), 어떻게 지혜롭게 쓸 것인가(문제를 해결하기 위해 어떻게 접근할 것인가)에 대해 자기 주관을 가지고 책을 다룰 수 있어야 합니다. 그러려면 한 권이라도 깊이 읽고 폭넓게 사고할 수 있어야겠지요.

 오직 한 권의 책만이 당신을 기다리고 있다고 생각해 보세요. 어떠세요? 벌써 마음이 편안해지지 않나요? 마음이 제자리를 잡으면 책이 깊이 읽힙니다.

책, 믿지 말자

책을 읽고 인생이 바뀌었다는 저자의 조언을 쉽게 믿지 마세요. 저자는 자기 생각을 밀고 나가는 과정에서 다소의 과장과 자극적인 거짓말을 하기도 합니다. 의도와 상관없이 그런 경우가 생깁니다. 책을 무비판적으로 받아들이다 보면 책은 도끼가 아니라 독이 되기도 합니다.

저 역시 다독과 배치되는 주장을 펼치는 동안, 원고를 자체 검열하겠지만, 독자를 설득하는 과정에서 지나치게 주관적인 주장을 펼칠 수도 있습니다. 그러니 당신은 책의 마지막 장까지 저자를 일방적으로 믿기보다 '진짜 그래?' '정말로 그럴까?'라는 의심의 눈초리로 읽어야 합니다.

단어는 개념입니다. 개념은 각각의 고유한 에너지를 가지고 있습니다. 가령 '기획'이라는 단어가 그렇습니다. 책에 '기획'이란 단어를 달고 나오면 판매에 도움이 됩니다. 기획은 조직에서 능력을 요구하는 개념인 만큼 다들 '기획력'을 향상하는 데 관심이 많습니다. 이런 단어는 에너지가 높죠.

 개념이란 추상적으로 설명할 수 없는 의미를 쉽게 교환하고 유통할 수 있게 만든 '라벨 붙은 포장지'입니다. '공기'는 눈에 보이지 않지만 '공기'라는 단어가 있어 누구라도 쉽게 설명할 수 있는 것과 같은 이치입니다.

 그렇다면 '책'은 어떤 의미가 담긴 개념일까요? 저는 책을 무엇이든 담는 '컨테이너'의 의미로 이해합니다. 지금은 누구나 책을 소유할 수 있지만, 중세만 해도 책은 부와 권력의 상징이었습니다. 중세는 문맹률이 높았고, 책 제작 비용 또한 집 한두 채 값이었기에 책을 소유하거나 쓸 수 있는 사람이 소수에 불과했습니다.

 역사적으로 문자는 권력층의 지배 수단이었습니다. 책을 다루는 사람이 권력의 자리에 가까웠다는 사실은 동서양을 막론하고 다르지 않습니다. '책은 아무나 쓸 수 없다'라는 선입견은 그래서 생겼다고 봅니다.

 지금은 어떤 세상입니까. 책은 언제 어디서나 살 수 있고, 쓰고자 하면 누구나 저자가 될 수 있는 시대입니다. 그런데 '책'이라면 비판 없이 받아들이려는 습성, 책을 썼다고 하면 무작정 우러러보는 습성이 우리의 뇌리에 여전히 남아 있습니다. '책은 아무나 쓸 수 없는 것, 신뢰할 수 있는 것'이라는 강력한 믿음이 독자의 인식 아래에 깔린 것입니다.

 저도 책을 쓰는 사람이니 종종 강연을 다닙니다. 그런데 책 내용을 두고 반박하는 질문을 받은 적은 별로 없습니다. 일방적으로 책을 수용하고 저자의 말이 옳다고 전제하면 질문이 사라집니다. 온라인 강연이 익숙해진 요즘도 마찬가지입니다. 언제 봤다고 저자의 말을 전적으로 신뢰할 수 있겠습니까?

저에게 불편한 책은 싫어도 필요합니다. 그래서 가까이 두고 읽습니다. 생각이 부딪힐 때 속은 쓰릴지라도 세계 속에서 자기 생각의 위치를 알 수 있게 합니다. 이 책을 읽는 당신이 다독에 대한 확신이 있었다면 2장 군데군데에서 저와 때때로 부딪치는 불편함을 느꼈을 테고, 다행히 공감하는 데가 있었다면 적게 읽기에 대해 한편으로 안심하는 감정이 들기도 했을 것입니다.

책 읽기에 대한 제 생각은 이 정도로 정리하겠습니다. 2장의 핵심 메시지는 간단합니다. 무턱대고 읽지 말고 먼저 자기 문제부터 객관화하자는 것, 그런 다음 드러난 문제를 해결하기 위해 이유 있는 책을 주체적으로 선택하자는 것입니다.

  3장에서는 읽기에 갇힌 기존의 독서 개념을 뒤집어, '쓰기 위한 읽기'라는 관점에서 '변화성장의 핵심 비밀'에 접근해 보도록 하겠습니다. 말 그대로 '쓰기'가 중심이 되고, '읽기'는 쓰기를 위한 목적 있는 독서로 물러납니다. 그럼 쓰기 위한 읽기에 대해 알아보겠습니다.

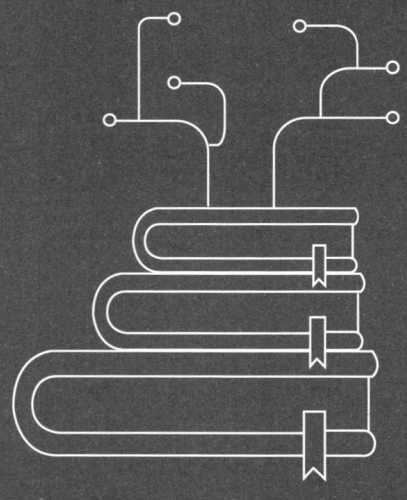

1권을 읽고

1000권의 효과를 얻는

변화성장의 알고리즘

Part. 3
변화성장의 알고리즘
3개월 단기 글쓰기
6개월 중기 글쓰기
쓰기는 구체적인 미래다

변화성장의 알고리즘

#'어렵다'와 '익숙하지 않다'는 말은 다릅니다.

읽기를 강조하면서 왜 쓰기는 홀대할까요? 독서 모임은 그토록 많은데 쓰기 모임은 어째서 눈을 씻고 찾아봐도 없을까요? 당신의 읽는 시간과 쓰는 시간을 단순 비교만 해봐도 평소 읽기에 비해 쓰기의 비중이 얼마나 적은지 알수 있습니다. 읽기는 쉽고 쓰기는 어려워서일까요? 아닙니다. 정확히 말하면 읽기는 익숙하고 쓰기는 익숙하지 않기 때문입니다.

읽기도 처음에는 쉽지 않습니다. 아이도 만 5세는 되어야 겨우 읽기 시작합니다. 태어나서 더듬더듬 읽기까지 5~6

년이 걸리는 셈입니다. 당연한 듯 보이지만 초중고 교육 과정이 의무화된 덕분에 대한민국에서 읽기는 이제 누구에게나 익숙합니다.

똑같은 읽기라도 당신이 접하지 않은 분야의 책은 여전히 어렵게 느껴집니다. **지금부터 읽기와 쓰기를 할 때 '어렵다'는 개념은 아예 존재하지 않는다고 생각해버립시다. 전부 '익숙하지 않다'라는 개념으로 바꾸는 겁니다.** 이런 관점 전환만으로도 지금껏 당신을 가로막았거나 앞으로 막아설 장애물에 대한 부담은 현저히 낮아집니다.

예를 들어보겠습니다. 의과대학에 들어간 한 학생이 해부학을 무척 어려워합니다. 책에 등장한 개념들이 생소했기 때문입니다. 사실 이 학생에게 해부학은 어려운 게 아니라 익숙하지 않을 뿐입니다. 낯선 걸 두려워하는 심리가 어렵다는 부정적인 감정을 만듭니다. 의과대학 6년을 졸업할 때쯤이면 이 학생에게 의학 용어는 그들 세계에서 통용되는 익숙한 언어가 되어 있을 것입니다. 어떤 영역이든 반복적으로 접하면 낯섦은 익숙함으로 두려움은 편안함으로 바뀝니다. 어려움은 애초 존재하지 않았습니다.

 인간은 낯선 환경을 마주하면 회피하려는 본능이 있습니다. 대표적으로 선입견과 편견이 즉각적인 회피 본능입니다. 하지만 이런 편향성은 인간 생존에 필요한 본능이므로 무조건 나쁘게 볼 건 아닙니다. 편향은 뇌의 편도체가 관여하는데요, 편도체는 인간의 두려움과 의식 이하의 무의식적 정서를 관장하는 곳입니다. 빨간 개구리를 보면 저는 위협을 느끼고 자동으로 거리를 둡니다. 낯선 것에 대한 두려움입니다. 편도체가 제대로 작동하고 있다는 증거죠. 어려움이라는 느낌도 일종의 두려움입니다.

 낯선 것에 두려움을 느끼는 것은 쓰기도 마찬가지입니다. 자유 작문을 시켜보면 얼마 지나지 않아 흰 종이만큼이나 하얗게 질린 얼굴들을 보게 됩니다. 글쓰기 수업을 할 때 가장 많이 듣는 말이 '어렵다'입니다. 하지만 당신은 이제 압니다. '어렵다'가 아니라 뭐라 말해야 합니까? '익숙하지 않다'라고 해야 합니다. 어려움을 해결하는 데는 타고난 재능과 축적된 학습지능이 요구되지만, 익숙하지 않은 낯섦을 해결하는 데는 친숙해질 때까지 반복하기만 하면 됩니다. 단순합니다.

#독서법을 알려달라는 데 쓰기가 왜 끼어들지?

독서법이 궁금해서 책을 집었는데 자꾸 '쓰기'를 하라니 마음이 불편하다 합니다. 그것은 당신이 쓰기와 읽기를 각각의 영역으로 생각하고 있기 때문입니다. 쓰기와 읽기는 사실 한 몸입니다. 책을 통한 삶의 변화를 원한다면 읽기에만 고정된 시선을 쓰기의 영역까지 펼쳐나갈 필요가 있습니다. 쓰기와 읽기를 한 몸으로 받아들일 때 그동안 정체되었던 당신의 독서 한계를 단번에 뛰어넘을 수 있습니다. 이왕 이 책을 읽고 있으니 속는 셈 치고 믿고 가보시죠.

여기서 당신은 두 가지 의문을 가질 수 있습니다.

'그래! 쓰기와 읽기가 한 몸이라면 쓰기는 읽기에 어떤 구체적인 도움을 주는가?'와 '써야 한다면 무엇을 어디서부터 어떻게 써야 하는가?'라는 의문입니다. 먼저 첫 번째 질문부터 답하겠습니다.

#쓰기는 읽기에 어떻게 도움이 될까?

쓰기와 읽기는 동전의 양면입니다. 읽기는 생각 받아들이기, 쓰기는 생각 뱉어내기입니다. 머릿속에 입력된 지식, 감정, 느낌, 정보는 개인의 범주화된 사고 체계 속으로 편입되고 필요할 때마다 편집과정을 거쳐 말, 표정, 행동, 글로 다른 사람에게 전달됩니다. 이것을 '의사소통'이라고 합니다. 편집된 지식과 정보를 다른 사람과 나눌 수 있어서 인간의 지적 능력은 발전할 수 있었습니다.

대표적인 의사소통 방식에는 두 가지가 있습니다. 말과 글입니다. 여기서 질문 한 가지 하겠습니다. 말 잘하는 사람이 글도 잘 쓸까요? 그런 사람도 있겠지만, 반드시 그렇다고 할 수는 없습니다.

개인 브랜드를 기획하는 과정에서 '책'은 중요한 마케팅 과정 중 일부입니다. 지난 6년간 300명의 집필 과정을 옆에서 지켜본 바에 의하면, 말하는 직업을 가진 아나운서, 교수, 교사, 스피치 강사라고 해서 꼭 글을 잘 쓰는 것은 아니었습니다.

말을 잘해도 글을 잘 쓰지 못하는 이유는 무엇일까요. 말을 할 때는 구어적 메시지에 표정과 행동이 병행되기 때문에 전달력이 강합니다. 상대 표정을 읽어가며 감정과 의도를 파악할 수 있고 의도를 실은 목소리와 손짓·발짓을 통해 메시지를 보다 분명하게 전달할 수 있습니다.

이에 반해 글은 오직 문자로만 메시지를 만들고 전달해야 합니다. 책처럼 긴 글이라면 더 어렵겠죠. 말 잘하는 사람이 글은 체계적으로 쓰지 못한다면 그 사람은 말을 잘

한다기보다는 의사소통에 능한 것입니다.

 글은 비언어적인 요소인 표정과 행동의 도움을 받을 수 없습니다. 추상적인 생각을 오로지 자기 문장으로 정리할 수 있을 때 메시지로서 가치가 있습니다. 독서도 마찬가지입니다. 당신은 오랜 기간 책을 읽어왔습니다. 책을 읽고 글쓰기를 했다 하더라도 읽고 난 후의 감상을 남기는 정도였을 겁니다. 책을 읽고 생각을 글로 정리하는 사람 자체가 극히 일부에 지나지 않습니다. 대부분의 독자는 읽고 줄 치는 정도로 독서를 끝냅니다.

 한 권의 책을 고르는 데 이유도 없고, 읽고 나서 정리도 없는 독서를 지금껏 해왔다면 책에서 무언가를 얻어야겠다는 의지가 있을 리도 없습니다. 편하게 읽고 편하게 덮어버린 책에서 남은 것은 이 책 읽었다는 독서기록장의 한 줄 추가 정도가 아니겠습니까.

아, 읽었는데
새 책 같아
:
뭘 읽을까?
일단, 인증부터!

#쓰기가 먼저다

그래서 당신에게 제안합니다. 목적 없는 책 읽기를 멈추고 이제부터 쓰기를 위한 읽기로 독서의 방식을 새롭게 정하는 겁니다. 무조건 '쓰기'가 먼저입니다. 쓰기가 전제되면 써야 할 목적을 정하기 전까지 책을 읽어야 할 이유가 없습니다. 읽기에서 잠정적으로 해방됩니다. 신간이 홍수처럼 밀고 들어와도 흔들림 없이 책을 외면할 수 있습니다. 읽어야 한다는 부담을 잠재우는 것부터가 변화의 시작입니다.

첫 번째 질문을 상기해 봅시다. '쓰기와 읽기가 한 몸이라면 쓰기는 읽기에 어떻게 구체적인 도움을 주는가?'

예전처럼 읽기만 하고 독서를 끝냈거나, 읽고 나서 쓰기를 했다면, 이제 순서를 바꿔 쓰기를 맨 앞에 둡니다. 무엇을 쓸지 목표를 분명히 하고 그 후에 읽을거리를 찾습니다. 그러면 더는 거대한 책의 벽 앞에서 고민할 필요 없이 단 한 권의 책을 선택할 수 있습니다. 책을 선택할 때 무엇을 읽느냐 만큼 중요한 기준이 또 있습니다. '어떤 책을 피할 것인가'입니다. 읽어야 할 목적이 분명한 책 한 권을 고르는 순간 읽지 말아야 할 책 수십 수백만 권을 피할 수 있게 됩니다.

 당신은 직장인입니까, 자영업자입니까? 프리랜서입니까, 기업의 대표입니까? 어떤 일을 하든 책의 지혜가 필요하다면, 그리고 그 힘을 자신에게 오롯이 쏟아부어 구체적인 변화를 모색해야 한다면 지금 당신에게 무엇보다 절실한 것은 '시간'입니다. 새벽에 일어나 늦은 밤 퇴근하는 당신의 일상은 '9am to 5pm'이 아니라, 현실은 '5am to 9pm'이 아닙니까? 잠을 줄여가며 쥐어짜 만든 하루 두 시간의 가치는 얼마나 귀하고 무거운지요. 귀한 시간에 남들이 하자는 대로 휩쓸리듯 경쟁만 한다면 그것은 소모적인 힘 빼기에 지나지 않습니다.

쓰기가 먼저가 되고 쓰기에서 읽기로 출발하는 순간 지금껏 두서없이 읽느라 허비했던 시간이 일순간에 사라집니다. 가령 온전히 자신을 위해 쓸 수 있는 시간이 하루 두 시간이라면 이제 당신은 이 시간을 빈틈없이 쓸 수 있습니다. 다음 질문으로 넘어가보겠습니다.

#써야 한다면, 무엇을 어디서부터 어떻게 써야 할까?

목적 있는 글쓰기에 대해 생각해 봅시다. 질문 하나 하겠습니다. '서울에서 부산으로 가는 최단 경로는?' 잠깐의 검색만으로 누구든 쉽게 풀 수 있는 질문입니다. 문제가 명확하기 때문입니다. 당신이 할 일도 명확합니다. 인터넷에 접속하고 네이버 '길 찾기'로 들어가 출발지와 도착지를 입력하면 끝입니다.

2장에서 언급했듯이 무엇을 쓸지 고민할 때는 다음 두 가지만 생각하면 됩니다. 첫 번째는 현재 당신이 안고 있는 문제를 파악하기. 무엇이 당신을 불편하게 하는지를 생각합니다. 두 번째는 미래에 닥칠 예측 가능한 문제를 현재로 당겨오기. 당장 급하지 않더라도 시간을 앞당겨 미래에 일어날 수 있는 문제를 가정하는 겁니다. 은퇴를 앞둔 분들이라면 꼭 해야 할 일입니다. 방법은 간단합니다. 삶의 불안, 불편, 불만족스러운 지점(pain point)을 찾아내서 쓸거리를 확보합니다.

 제품이나 브랜드를 기획할 때도 고민의 본질은 다르지 않습니다. 고민의 출발점은 지금보다 더 나은 걸 생각하는 게 아닙니다. 더 나은 걸 찾는다면 현재에 큰 불만이 없다는 뜻입니다. 그러면 문제가 드러나지 않습니다. '쓰기를 위한 읽기'를 하려면 자꾸만 걸음을 멈춰 세우는 찝찝한 삶의 이물감으로 시선을 옮겨야 합니다. '적당히 좋다'하는 식의 무딘 시선은 쓰기의 적입니다. 일상의 평범함에 가려

보이지 않던 것들이 있습니다. 순간의 외로움, 감추고 싶은 욕망, 어쩔 수 없었던 거짓말, 이타적인 얼굴을 한 이기적인 행동들이 그렇습니다. '왜'라는 말을 생략한 채 묻어버린 사건들을 다시 꺼내 바라보는 겁니다.

 존재 내부에 감춰둔 문제를 뒤적이는 게 힘들 수도 있습니다. 하지만 어디까지 보여주고 어디까지 감춰야 할지 그 고민에 빠져 있다가 보면 결국 '무엇을 써야 할까?' 하는 처음 질문으로 돌아가고 맙니다.
 타인의 시선에 휘둘릴 필요 없습니다. 당신 삶을 하나하나 걸고넘어질 만큼 사람들은 한가하지도 않습니다. 불안, 불편, 불만족이라는 감정과 사건에 기반한 관점은 무엇을 쓸 것인가에 대한 목적 있는 글쓰기의 길잡이가 되어줍니다. 자기 검열 없이 삶을 드러내는 일에는 용기가 필요합니다. 불편하겠지만 그 한 번의 용기가 변화의 시작입니다. 그리고 고백도 하다 보면 두꺼워집니다. 마음도 얼굴도.

3개월 단기 글쓰기

#인생 시스템을 구축하자

다시 말하지만 쓰기와 읽기는 동전의 양면입니다. 즉 두 영역을 개별적으로 보지 말고 하나로 봐야 합니다. 따로 보면 시간과 힘이 두 배로 들지만 쓰기를 위한 읽기를 해보면 시간과 힘은 절반으로 줄고 보상은 오히려 몇 배가 됩니다. '쓰기 위한 읽기' 프로세스는 다음과 같이 진행됩니다.

① 글감을 찾기 위해 당신 인생의 현재진행형 문제를 파악합니다.
② 문제를 해결하는 데 필요한 자료(책, 인터넷 검색…)를 찾습니다.
목적 있는 독서의 시작입니다.
③ 모으고 분류한 자료를 놓고 문제 해결의 실마리를 찾기 위해 노력합니다.
④ 최종적으로 문제를 해결하게 되면 시간과 경제적인 보상이 따라옵니다.
⑤ 당신 삶에 쌓여 있던 문제가 하나씩 줄어듭니다.
다음 문제를 해결할 여력이 또 생깁니다.
문제 해결로 가는 프로세스가 재부팅됩니다.
⑥ 문제 해결을 반복하다 보면 일상의 불안, 불편, 불만족스러운 상태를
더는 회피하지 않고 능동적으로 처리하게 됩니다. '
문제 해결 시스템'이 당신의 내면에 장착됩니다.

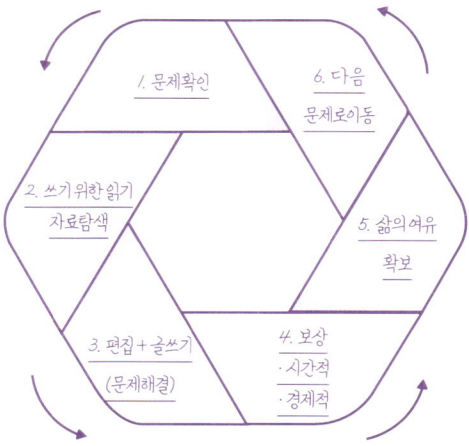

──1권을 읽고 1,000권의 효과를 얻는 변화성장의 알고리즘

#쓸 거라면, 결과가 손에 잡히는 쓰기를 하자

저는 쓰기와 거리가 멀었던 사람입니다. 쓰기가 제 인생의 한 축이 될 줄은 꿈에도 몰랐습니다. 저는 이십 대 후반부터 비즈니스를 시작했습니다. 삼십 대 중반을 넘어서면서 지난 십여 년의 시간을 한번은 정리하고 넘어가야겠다 싶었습니다. 무턱대고 썼습니다. 매일 새벽 4시에 일어나서 출근 전 두 시간씩 글쓰기를 했습니다. 목표한 건 아니었지만 시간을 쪼개 새벽을 모으다 보니 2015년에 책 《불리한 청춘은 있어도 불행한 청춘은 없다》가 출판되었습니다. 출판 자체도 기뻤지만, 노력의 결과가 책 한 권의 무게로 증명된다는 것은 황홀한 경험이었습니다.

그 후로 본격적으로 책을 목표로 글쓰기를 시작했습니다. 이때 한 가지 사실을 분명히 알게 되었습니다. **추상적인 노력은 구체적인 노력으로 바꾸어야 하고, 구체적인 노력 끝엔 반드시 손에 잡히는 결과물이 있어야 한다**는 것입니다. 증명하지 못하는 이상은 결코 현실이 되지 못합니다.

'책이란 _____이다.' 밑줄을 긋고 안에 들어갈 말을 생각해 본 적이 있습니다. 저는 '책이란 단기 프로젝트다.'라고 자신있게 썼습니다. 스스로 문제를 찾고 해결하는 과정을 담는 노력이 '쓰기'이고, 이 노력의 결과물이 무형의 만족감이 아니라 물성을 지닌 '책'이어야 한다고 개념을 정리했습니다. 쓰기의 최종 목적지가 책이라면 목적 있는 쓰기를 위해 참고해야 할 독서 방향은 명확할 수밖에 없습니다.

그뿐만이 아닙니다. 책에는 가격이 매겨집니다. 상품입니다. 고객이 존재하지 않고서는 상품으로서의 가치가 없고, 가치 없이는 가격이 매겨질 수 없으니, 쓰기를 구상하는 단계에서부터 이미 독자(고객)를 대상으로 하는 기획적 사고에 눈을 뜨게 됩니다. 책을 쓰는 일도 브랜드나 상품 기획의 사고과정과 다르지 않습니다. 문제를 파악하려면 이성적이고 논리적인 사고가 필요하고 문제를 해결하는 데는 예술적이고 창의적인 관점이 뒷받침되어야 합니다.

책 설계가 끝났다 해도 책 쓰기는 또 다른 차원이어서 막상 지면 위로 글을 한 자 한 자 밀고 나아가는 동안 생각지 못한 여러 문제와 부딪히게 되고 동시에 이를 해결해 나가면서 창의는 자연스럽게 몸에 뱁니다. 논리적인 사고, 창의적인 사고는 배워서 얻는 게 아니라 문제 해결 과정을 반복적으로 경험하면서 저절로 터득하게 되는 것입니다. 따라서 목적을 가진 책 쓰기는 당신 안의 잠재력을 모조리 끌어올리는 일 그 자체임을 알아야겠습니다.

글쓰기를 하겠다면 처음부터 무리하지 말고 3개월 6개월의 목표를 설정하고 매일 쓰기를 해봅시다. 무엇을 쓸 것인지 주제를 정하고 쓰게 되면 매일 조금씩 문제를 해결해 간다는 성취감을 느낄 수 있습니다. 이것이 글쓰기를 계속하게 하는 직접적인 동기가 됩니다. 글쓰기를 혼자서 하기보다 생각이 같은 사람들과 약속된 시스템 안에서 하게 되면 좀 더 안정적인 글쓰기를 지속할 수 있습니다.

#3개월, 단기 글쓰기

 아직 쓰기에 익숙하지 않다면 단기 글쓰기를 추천합니다. 90일, 100일 글쓰기가 적당합니다. 기간을 설정했다면 다음으로 타인에게 노출되는 블로그에 쓸 것인지 개인 노트북에 쓸 것인지 결정합니다. 그리고 책을 목표로 쓸 것인지 아닌지도 정해봅니다.

 단기 글쓰기를 한다면 무엇을 써야 할까요? 아니, 질문을 바꾸겠습니다. 무엇을 고민해야 할까요? 살면서 3개월간 당신 자신에 대해서만 고민해 본 적이 있습니까? 단언컨대 없을 겁니다. 인간은 고민하고 싶어 하지 않습니다. 고민은 고통이기 때문입니다. 하루도 고민하기 싫은데 빠듯한 일상 속에서 3개월이나 자신에게 집중할 시간을 갖는다는 건 쉽지 않습니다.

 40년간 한 분야에서 일했다면, 그 사람은 그 일에 있어서 장인입니다. 일을 중심으로 돌아가는 안팎의 사정을 그는 환하게 꿰뚫습니다. 30년, 40년, 50년간 '당신이라는 존재'를 운영해온 '당신' 또한 자신에게 있어서만큼은 최고의 장인입니다.

'나는 나를 모르겠다'라는 말은 인정할 수 없습니다. '나는 평범하다'라는 말도 인정 못 합니다. '나는 할 줄 아는 게 없다'라는 말은 명백한 거짓입니다. 당신의 말이 거짓이라는 걸 3개월 단기 글쓰기로 증명해 보일 수 있습니다. **쓰기의 출발은 당신이 가장 오래 해 온 것에서부터 출발해야 합니다. 당신이 가장 오래 해 온 것, 그것은 바로 '당신 자신'입니다.**

인간의 신체 구조를 보면 세상을 보는 눈이 밖으로 뚫려 있습니다. 구조적으로 인간은 밖을 살피며 안으로 자기를 보호하게끔 진화해왔습니다. 밖의 존재들이 위험하고 강하다는 인식은 '나'를 두렵고 약한 존재로 위축시킵니다. 약한 존재는 능숙하게 몸을 숨길 줄 압니다. 존재를 숨기면 생존확률이 높아집니다. 그러나 이제 이곳에 당신을 위협할 맹수는 없습니다. 그런데도 당신은 존재하지 않는 불안을 스스로 증폭시키며 숨습니다. 숨다가 자기가 선 좌표마저 놓쳐버립니다. 그 순간 망망대해로 속절없이 떠내려가며, 점이 되어 사라지는 육지를 바라보는 부표의 심정이 됩니다. 목표 잃은 휘둘림, 이것이 우리가 겪는 어른의 방황입니다.

'나는 평범하다' '나는 할 줄 아는 게 없다'라며 자신을 속이는 거짓말에 당신은 너무나 길들여져 있습니다. 당신은 네모난 지구에 살고 있다고 말합니다. 의심의 여지를 두지 않습니다. 네모난 지구가 안전하다고 믿고 싶겠지만 둥근 지구 위에서 당신은 계속 흔들릴 것이고, 좌표를 찾지 못하는 한 방황을 끝낼 수는 없습니다.

'나는 정말 아무것도 아닌가?' '그 시절의 나는 어떤 존재가 되고자 했었나?' '아이의 엄마, 아빠, 남편의 아내, 아내의 남편, 직장에서의 입지는 좁아지고, 소외되어가는 중년의 나를 빼고 나면 나에게 남은 건 무엇일까?' '먹고사는 것 외에 나는 내 인생을 무엇이라 말할 수 있을까?'

그간 당신이 덮어두고 살아온 질문들입니다.

주류 경제학의 관점에서 보자면 인간은 자신의 이익과 손해에만 반응하는 존재입니다. 이익이 될 때 거짓말하고, 손해를 회피할 때 거짓말을 합니다. 이런 관점에서 보자면, 내가 평범하고, 내가 할 줄 아는 게 없다고 자신을 속이는 건 이익을 위한 거짓말인지, 손실을 위한 회피인지 생각해보게 됩니다. 맹수가 사라진 지금도 당신은 실체 없는 막연한 두려움을 안고 살아갑니다. 당신은 불확실한 미래보다는 안정된 우리에 머물고 싶어 합니다. 그렇다면 답은 명확합니다. 당신의 말은 손실을 회피하기 위한 거짓말입니다.

평생을 살면서 당신이 자신을 위한 고민에 단 3개월의 시간도 허락하지 않았다는 사실을 지적하면 청중석이 술렁입니다. 그래서 단기 글쓰기, 인생의 첫 번째 글쓰기는 당신 자신을 향하라는 것입니다.

#100일 100장을 쓴다

제가 운영하는 커뮤니티에서 2021년 3월부터 진행하는 프로젝트가 있습니다. 하루 한 장씩 100일간 매일 글쓰기가 가능할까? 이런 질문에서 출발한 〈100일 100장〉 프로젝트입니다. '쓰기 위한 읽기' 예찬론자인 저로서는 꼭 확인해 보고 싶은 일이었습니다.

1기 신청을 받을 때부터 심상치 않은 조짐을 감지했습니다. 모집 인원 40명이 일주일도 채 되지 않아 조기 마감된 것이죠. 처음에는 그럴 수 있다고 생각했습니다. 신청자의 나이는 30대 중반에서 40대가 가장 많았습니다. 육아로 직장일로 인생에서 가장 바쁜 시기를 보내는 사람들이었습니다. 저는 1기 완주율이 5퍼센트에도 못 미칠 것이라고 확신했습니다. 무엇을 쓰겠다는 구체적인 목적 없이 100일간 글을 쓴다는 것은 정말 힘든 일이기 때문입니다. 글쓰기 조건은 A4에서 10포인트 기준, 500자 이상 쓰기였습니다. 하루 세 줄 쓰기도 매일 하라면 쉽지 않습니다. 사람에게서 가장 믿지 못할 것이 '의지'니까요. 가능할까 의구심이 들면서도 결과가 내심 궁금했습니다.

결과는 어땠을까요? 하루도 빠지지 않고 100일을 완주한 사람이 40명 가운데 19명이었습니다. 하루 이틀 빠진 분들을 포함하면 완주율은 90퍼센트에 가까웠습니다. 예상이 완전히 빗나갔습니다. '왜지?' 의문이 한동안 머릿속을 떠나지 않았습니다.

#이상한 사람들

글쓰기가 일이 된 저도 제 글을 매일 쓰는 게 쉽지 않습니다. 생각지 못한 일이 훅하고 끼어들면 일상의 균형이 순간 틀어지게 되고 이를 복구하려다 보면 시간에 쫓기기 일

쏘입니다. 그때마다 글쓰기 패턴이 살짝씩 무너지는 겁니다. 하물며 100일 글쓰기에 도전한 사람들에게 방해 요인이 이뿐만일까요. 글쓰기에 자신감이 없다거나, 매일 쓸 이야기가 없다거나, 자기 이야기를 공개하기에 두려움을 느낀다거나 하는 등의 이유는 찾으려 하면 끝도 없습니다. 이런 심리적 장벽이 있음에도 이들은 100일을 완주했습니다. 정말 이상한 사람들입니다.

  저에겐 새로운 질문이 생겼습니다. '어째서 이 힘든 일을 끝까지 포기하지 않았을까?' '육아에, 일에 눈코 뜰 새 없는 사람들이 어쩌면 이렇게 악착같을까?' 이건 생존과 직결된 갈증이나 절박함이 아니고서야 설명이 안 되었습니다. 목마름은 결핍에서 오는 생존 본능이니까요.

  인간은 이름을 갖고 태어나 자기 이름 아래 묻힙니다. 삶의 시작과 끝에 이름이 있습니다. 이름이 지워진다고 해서 존재가 사라지지는 않지만, 존재가 희미해질수록 인간은 자기 이름에 대한 갈증을 느낍니다. 인간은 불리는 대로 존재하고, 존재하는 대로 불리기 때문입니다. 엄마라 불리면 엄마로 존재하고, 엄마로만 존재하면 엄마로밖에 불릴 수 없는 겁니다.

#낯선 얼굴, 낯익은 감정, 터져버린 울음바다

100일 글쓰기를 하는 중간에 합평하는 자리를 마련했습니다. 온라인에서 글로만 소통하다 처음으로 얼굴을 마주하는 자리였습니다. 첫 합평이 있던 날이었습니다. 이날을 위해 부산에서 온 사람, 몇 주 전부터 일정을 맞춰놓고 가족에게 양해를 구하고 어렵게 왔다는 사람, 전날 밤까지 갈지 말지 설렘과 낯선 두려움에 잠자리를 뒤척이다 왔다는 사람이 모였습니다.

난생처음 만나는 사람 앞에서 마이크를 쥐고 자기 글을 읽는다니 낯선 경험이었을 겁니다. 낭독을 시작하려 마이크를 잡으니 그 순간 소리를 빨아들이듯 주위는 침묵합니다. 농축된 깊은 감정이 첫음절을 터뜨리는 순간부터 사람들은 이야기에 몰입합니다. 당신의 육성으로 흘려보낸 글이 타인의 인생을 지나면서 서로가 걸어온 삶의 반경이 겹칩니다. 그 구간에서 '툭'하고 울음이 터집니다. 옆에 앉은 이가 울음을 달래주려다 또 '툭'하고 울음이 번집니다. 급히 각 티슈를 테이블 위에 올려두었습니다. 휴지를 뽑아가는 손들이 바쁩니다. 자존감, 우울, 놓아버린 꿈, 영세한 자영업자의 어려움이 차례차례 낭독되었습니다.

타인의 삶과 겹치는 공감의 마디마디를 서로가 아파했습니다. 저는 지난 일곱 기수의 합평을 지켜보면서 보통의 삶, 평범한 나라고 말해왔던 이들이 100일의 시간 동안 두서없이 무언가를 막 쓰는 듯해도 본능적으로 자기 존재를 더듬어 찾고 있었다는 것을 알게 되었습니다. 목마름은 생존 본능입니다. 100일간 100장의 글을 쓴다는 건 누가 억지로 떠민다고 될 일이 아닙니다. 물이 위에서 아래로 흐르듯, 인간이 중력을 거스를 수 없듯, 목마른 사람이 필사적으로 물을 찾는 건 자연스러운 일입니다. 저는 '100일 100장' 글쓰기를 찾아온 이들에게 '나'의 이야기가 글이 되고 나의 목소리가 타인의 감정과 뒤섞이는 낭독을 경험하게 하고 싶었습니다. 모인 사람들은 시간의 씨줄과 공간의 날줄을 엮어 짠 저마다의 서사를 펼쳐놓고 일면식 없는 타인 앞에서 자기를 꺼내 마음껏 아파했습니다. 가리지 않은 아픔의 말은 처마에 걸린 풍경처럼 청명하고 한겨울 고드름만큼이나 맑았습니다.

#예상치 못한 소식

책을 기획하는 사람이지만 그들이 100일 동안 쓴 글을 모아서 출판 계약으로 잇겠다고 생각지는 않았습니다. 그런데 각자의 문제로부터 출발한 글 가운데 독자의 공감을 살만한 글이 보였습니다. 몇 주간 원고를 추리고 콘셉트를 다듬어서 100일 동안 쓴 글을 출판사에 투고했고 네 명이 출판사와 정식으로 계약하게 되었습니다. 곧 이들의 책이 세상에 나온다는 뜻입니다.

다음은 출판 계약을 한 100일 연구생 'J'의 말입니다.

"1년 전 더없이 확고했던 제 삶이 이유를 알 수 없는 불안감에 느닷없이 흔들리기 시작했습니다. 그때는 저도 저를 어찌해야 할지 몰라 무작정 책을 읽었습니다. 하지만 남의 위로와 남의 감동은 읽을 때 위로가 될 뿐 근본적인 해결책은 되지 못했습니다. 그래서 쓰기 시작했습니다. 제 삶을 직접 써봐야 했습니다. 마흔 하나에 처음 시작한 글쓰기에서 마치 해서는 안 될 말을 고백한 뒤의 잠시 잠깐의 후련함을 느꼈습니다. 하지만 그 마음이 오래가진 못했습니다. 여전히 사라지지 않은 응어리가 만져지는 것만 같았습니다. 그러다 이 응어리의 뿌리가 저의 '일'이라는 것을 알게 되었습니다.

지금껏 일은 저를 설명해 줄 더없이 확고한 것이었지만, 고백하자면 몸에 매인 제 마음은 끊어진 연처럼 담장 밖을 날아가고 싶었습니다. 시인하기 어려운 마음이었습니다. 알고 있었으나 긴 시간 모른 체했던 마음입니다. 모른 체했더니 정말 잊고 말았던 마음입니다. 마음을 들추기가 두려워서 저 자신에게 솔직하지 못했고 한동안 글은 겉만 빙빙 돌았습니다. 그렇습니다. 저는 저에게 솔직하지 못했습니다. 이 작은 지면의 공포조차 극복하지 못한다면 영영 회복할 수 없을 것 같았습니다. 그리하여 비슷한 나이, 비슷한 고민을 먼저 한 작가들의 책을 찾아 읽기 시작했습니다.

읽다 보니 상황은 달라도 고민의 결은 다르지 않았습니다. 그들의 삶에서 억눌려 신음하는 제가 보일 때는 찔끔 눈물이 났다가 덩달아 후련해지기도 했습니다. 저와 달리 자기 삶을 용기 있게 고백하고 당당히 지면을 밀고 가는 그들의 글에 저도 조금씩 내 목소리를 내볼까 하는 용기가 생겼습니다. 생각과 감정을 풀어낼 힘이 달렸습니다. 그럴 때는 폐부 깊숙이 와닿는 작가의 문장을 해체하고 재구성해 보기를 반복해 보았습니다. 작가의 문장으로부터 파생

된 생각을 지면 위에 얹혀놓고 더 마땅한 표현을 찾아 책과 문장을 넘나들며 한 줄씩 저의 문장을 써갈 수 있게 되었습니다.

제 안에 문장이 쌓이기 시작하자 밀려든 글은 닫혀 있던 생각의 문을 밀고 사유의 길로 확장되기 시작했습니다. 말하고 싶고 표현하고 싶은 글이 써지기 시작했습니다. 그때는 이루 말할 수 없는 충만한 감정을 느꼈습니다.

갈증을 해결하기 위해 수집했던 문장들은 맞춤 처방이었습니다. 읽다가도 아니다 싶은 책은 과감히 덮고 다른 책을 찾아 읽었습니다. 무엇을 읽을까 헤매지 않았습니다. 글의 목적이 있었기에 읽어야 할 책이 눈에 들어왔고 정해둔 몇 권의 책을 반복해서 읽으며 문장을 수집했습니다. 타인의 글은 제가 가보지 못한 세계를 잇는 다리가 되어주었습니다. 이때부터 책을 목표로 한 저의 쓰기가 본격적으로 시작되었습니다. 단 1년 만의 변화입니다.

'쓰기 위한 읽기'는 단기간에 사유의 폭을 확장시킵니다. 자신에게 투입되는 문장과 산출하는 문장 사이의 간극을 견딜 수 없었다는 은유 작가의 말처럼, 저는 그 간극을 문장수집을 통해 좁혀갈 수 있었습니다."

그의 말처럼 책만 읽을 때와 글을 쓰면서 필요한 책을 찾아 읽을 때의 독서 감각은 전혀 다릅니다. 글이 책이 될 수도 있겠다는 생각이 확고해지면 읽는 행위는 그 자체로 행복입니다. 무엇을 읽을까 더는 방황할 일이 없어지고 읽을 책에만 집중하게 됩니다. 그렇게 한 장씩 쌓인 원고가 100장이 되었을 때 400g으로 늘어난 종이 뭉텅이는 당신이 지금까지 느껴본 적 없는 질량의 감동이 될 겁니다.

책이 되지 않더라도 쓰면 달라집니다. 100일 100장 프로젝트에 매 기수 참가하는 사람들도 있습니다. 그중에는 무려 560일을 하루도 빠지지 않고 쓴 사람도 있고요. 자발적 행동입니다. 자기를 알아간다는 것은 고통이 아니라 고통을 찢고 나아가는 기쁨이었기에 가능한 일입니다.

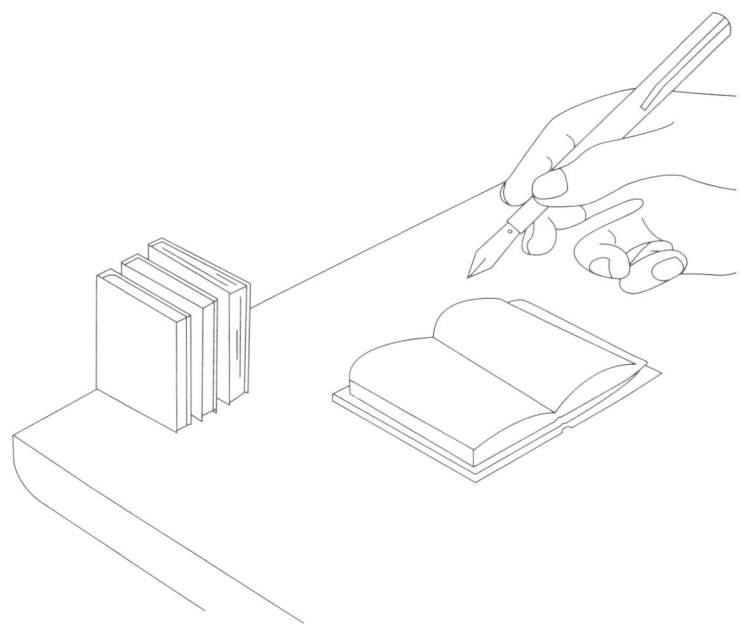

6개월 중기 글쓰기

  한 걸음 앞으로 나가봅시다. 단기 글쓰기를 몇 차례 경험했다면 이제 자신에게 밀착된 시선을 떼어 밖을 내다봅시다. 당신의 삶과 대중의 삶이 겹치는 문제들을 살펴보는 겁니다. 예를 들면 이 책이 그렇습니다. 저는 다독에 대한 강박에 시달렸던 때가 있었습니다. 당신이 이 글을 읽고 공감한다면 지난 저의 문제가 현재 당신의 문제와 겹친다는 뜻입니다. 시제만 다를 뿐 우리는 같은 문제를 나눌 공감대가 있습니다. 사람들이 겪고 있는 문제에 대해 조언할 만한 경험이나 지식이 있습니까? 바로 그 지점이 6개월 글쓰기의 출발점입니다.

글쓰기는 자료수집 여부에 따라 3개월이냐 6개월이냐가 결정됩니다. 자료를 찾고 나서 원고를 써야 한다면 3개월로는 부족합니다. 어디까지나 주관적인 결정이 되겠지만 자료를 찾고 정리하는 데 3개월, 집필에 3개월, 총 6개월 계획을 세워보세요. (시간이 충분하면 더 충실한 글을 쓸 수 있겠지만 전업 작가가 아닌 이상 1년 이상 집필 계획을 잡았을 때 중도 포기하는 사례가 많았습니다) 마침 올해 집필 기간 6개월 만에 책을 쓰고 진로를 바꾼 연구생 사례가 있어 소개하고 넘어가겠습니다.

#삶의 외연을 확장하는 글쓰기

귀농한 남자 S와 만난 것은 2022년 1월이었습니다. 코로나 이후 하던 장사를 정리하고 농촌으로 내려갔지만 생각과 달리 현실은 암담했다고 합니다. 그가 내려간 곳은 농가 평균 연령이 70세를 넘는 초고령사회였습니다. 노동 인구도 적은데 고령자뿐인 영세한 농가 마을에서 한 가정이 뿌리내릴 미래가 있을지 남자의 고민은 컸습니다.

귀농한 남자에게 장인은 걱정 가득한 얼굴로 질문을 던집니다. "농사는 어떤 작물을 키우는지가 중요한 게 아니야. 어떻게 파는가가 진짜 어려운 문제지. 그래 자네는 어떻게 팔 건가?" 문제의 본질을 정확히 내다본 질문입니다. 이 물음은 남자의 현실(문제)을 지적함과 동시에 풀어야 할 방향을 제시하고 있습니다. '어떻게 팔 것인가?'

 젊은 남자가 귀농했다고 농촌 사정이 갑자기 좋아질리 없습니다. 저는 농촌에 노동력 하나를 더하는 것보다는 디지털 환경에 익숙하고 뉴미디어를 능숙히 다루는 젊은 재능이 오히려 농촌에 필요하다고 생각했습니다. 거듭 강조하지만 쓰기는 구체적인 문제에서 출발해야 합니다. 남자와 고민 끝에 글쓰기로 정한 주제는 '농촌라이브커머스'였습니다. 새롭다고 할 수 없지만 농가를 중심으로 '농촌라이브커머스'라는 직거래 유통방식을 알리고, 플랫폼 이용 농가의 저변확대를 목표로 잡는다면 농촌에서 이 남자가 할 일은 분명히 있다고 생각했습니다.

우리는 라이브커머스 시장에 대한 자료조사를 시작했습니다. 이왕 시간을 들일 거라면 도달 목표를 분명히 하기 위해 책을 만들자고 제안했습니다. 자료조사 3개월, 집필 기간 3개월, 총 6개월을 잡았습니다. 라이브커머스 전문가도 아니면서 6개월 만에 전문서를 쓸 수 있냐고 반문하실지 모르겠습니다. 맞습니다. 전문가가 아니면 전문서를 쓸 수 없습니다. 그런데 편집서는 가능합니다. 지금처럼 정보가 쏟아지는 시대에는 지식정보를 생산하는 것 이상으로 빠르게 편집해서 배포하는 능력이 중요해졌습니다. 정보가 부족한 세상이 아닙니다. 정보와 정보를 엮어 어떤 새로운 관점을 편집해낼 수 있느냐가 기회를 만듭니다. 쏟아지는 정보(빅데이터) 가운데 시장에서(책→독자, 제품/서비스→고객) 필요로 하는 정보(인포데이터)끼리 선택적으로 엮어서 가치 있는 '지식'으로 재편집하는 것입니다. 책을 집필하는 데 필요한 자료는 인터넷 검색과 주변 도서관에서 수집한 것만으로 충분했습니다. 문제 해결에 필요한 자료만 찾으면 됐으니까요. 좌표가 있으면 탄

환은 최단 거리로 날아갑니다. 쓰기를 위한 '읽기'의 구체적인 방법은 5장에서 다시 자세히 다루도록 하겠습니다.

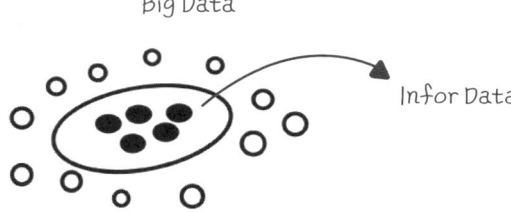

책이 된 '농촌라이브커머스'는 편집서의 개념입니다. 콘셉트를 정한 후 자료 수집에서 집필까지 정확히 6개월이 걸렸습니다. 결과는 출판 계약이라는 보상으로 돌아왔습니다. 이후 그의 행보가 재미있습니다. 출판에 맞춰 농촌라이브커머스 사업공모전에 두 차례 1위로 입상하는가 하면 라이브커머스 실무를 배우기 위해 어시스턴트 역할을 하던 중 관계자의 눈에 들어 10월부터 농촌 기업들의 라이브커머스 방송에 호스트로 정식 데뷔하기도 했습니다. 목적 있는 쓰기와 거기에 방향을 맞춘 읽기가 더해져 생긴 시너지입니다.

6개월 짧다고 생각하시나요? 그렇지 않습니다. 목표와 목적이 명확하면 당신의 인생 진로를 180도 바꿀 수도 있는 시간입니다.

쓰기는 구체적인 미래다

 저도 어디서 들은 우스갯소리입니다만, 알은 내가 깨면 병아리가 되고 남이 깨면 계란프라이가 된다더군요. '어떻게 살아야 하는가?'에 대한 짧고 명쾌한 문장입니다.

 저는 개인 브랜드를 설계합니다. 보통은 출판기획자로 알려져 있습니다. 겉으로 드러나는 퍼포먼스가 아무래도 책이라서 그런가 봅니다. 쓰기, 읽기, 책, 비즈니스, 브랜드는 각각 개별적인 줄기 같지만 타고 내려가면 결국 한 몸입니다. 따라서 유기적으로 연결된 전체 관계도를 이해하면 성장을 위한 전략 전술을 세밀하게 그릴 수 있습니다.

평소에 쓰기를 생활화하면 당신 삶에 묵직한 글이 쌓입니다. 매일 한 장씩 글을 써서 출력한다고 생각해 보세요. 종이 한 장이 4g입니다. 100장이면 400g, 1년이면 약 300장이니 1.2kg 무게의 지식이 쌓입니다. 같은 무게라도 종이의 무게는 달리 체감됩니다. 시간으로 계산해 봐도 재미있습니다. 한 장을 쓰느라 고도로 집중한 시간을 두 시간으로 잡으면 1년에 600시간, 글쓰기를 위한 사유를 한 셈입니다. 24시간으로 나누면 꼬박 한 달에 해당하는 시간입니다. 열두 달 중 한 달, 질 높은 고민을 하는 인생과 그냥 살아지는 대로 흘려보내는 인생 가운데 어느 쪽이 성장할지 생각해 보세요. 답은 분명합니다.

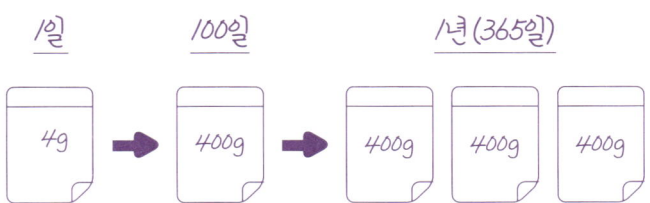

——1권을 읽고 1,000권의 효과를 얻는 변화성장의 알고리즘

A4 기준 10포인트로 100장을 쓰면 대략 책 한 권을 만들 수 있는 분량입니다. 300장이면 책 세 권에 달하는 원고량입니다. 책을 쓰라는 말이 아닙니다. 책 한 권을 쓴다고 '가정'했을 때 당신이 목적을 가지고 읽어야 할 책은 무엇인가를 생각해 보는 겁니다. 무엇을 쓸 것인가를 결정하는 순간 무엇을 읽어야 하는가도 결정되니까요. 이때부터 집필에 불이 붙습니다.

 이렇게 말하면 '대체 300장을 쓰려면 얼마나 많은 책을 읽어야 하는 거야?'하는 다독의 걱정이 슬며시 들 것 같아서 부연합니다. 자기 문제를 얼마나 잘 알고 있느냐에 따라서 단 한 권의 책에도 다양한 글감이 잠재해 있습니다.

 2015년, 서른아홉 살부터 글을 썼습니다. 그전까지 글과 제 인생이 겹치리라 생각해본 적이 없었습니다. 마흔을 한 해 앞두고 가볍게 시작한 글쓰기가 지금까지 이어지는 비결은 써야 할 이야기들이 있었기 때문입니다. 글감이 되는 이야기는 대체 어디에 있을까요? 바로 당신에게로 향한 당신의 관심과 세계를 바라보는 당신의 관심 속에 있습니다. 무심히 흘려버리는 시선을 막아 세우고 지금 나는 괜찮은지 과연 우리는 괜찮은지를 쉼 없이 물어보는 태도 속에 있습니다. 한여름 늘어진 러닝셔츠를 입고 대로변에서 전단을 돌리던 노인이 눈에 밟혀 그날 밤 글을 썼습니다. 새벽 3시 잠을 깨서는 이불처럼 포근한 어둠을 껴안고 존재하지만 쉽게 공유할 수 없는 '새벽'에 대한 글을 썼습니다. 지나가다 '우리 아들 밥상'이라는 식당 간판에 이끌려 괜히 설렜던 마음을 글로 썼습니다. **관심은 도를 지나칠수록 좋습니다.** 세상에 널린 이야깃거리를 넘치게 발견하니까요.

#요즘 책 아무나 쓰는 것 아니냐는 말에 대해서

이제 책은 누구나 쓸 수 있는 시대가 되었습니다. 출판 경로도 다양해졌고 직접출판이나 자비출판의 문도 더 넓어졌습니다. 한해 8만 종에 가까운 책이 나옵니다. 그렇다면 최소 8만 명 이상의 저자가 매년 탄생한다는 뜻이겠지요. 공저를 포함하면 책의 종수보다 훨씬 많은 사람이 저자로 등록될 테니까요. 하지만 3종 이상 출판한 저자로 기준을 상향 조정하면, 개인적인 생각입니다만, 8만 명 이상이던 저자의 숫자가 1% 아래로 떨어지지 않을까 싶습니다.

첫 책은 '자신'의 이야기로 어떻게든 내겠지만 글감을 소진하고 나면 다음엔 무엇을 어디서부터 써야 할지 엄두가 나지 않습니다. 그래서 두 번째 쓰는 책이 첫 책보다 어렵습니다. 이때부터는 자신에게 밀착되었던 시선을 밖으로 돌려야 합니다. 더 적극적인 공부가 필요한 시점입니다. 주제를 정했으면 읽어야 할 책이 생기고 자료를 정리해야 할 시간이 필요하며 하루 30분이라도 매일 쓰는 태도를 유지해야 합니다. 이 정도 성실함이 없고서는 매년 책을 내기 어렵습니다. 책을 아무나 쓸 수 있다고 쉽게 말하지만, 당신 주변에 3종 이상 꾸준히 책을 내는 사람이 있는지 살펴보면 제 말에 어렵지 않게 동의할 수 있을 것입니다. 이렇듯 매년 쓰기의 새로운 주제를 찾고 주관이 뚜렷한 글을 써나가려면 평소 쓰기와 읽기가 몸이 붙지 않고서는 불가능합니다.

#3년에 3종의 책은 관점과 태도를 기르는 시간

매년 1종씩 3년간 3종의 책을 쓰라는 것은 단순히 출판 종수만 늘리라는 말이 아닙니다. 이렇게 쓰려면 쓰기를 위한 읽기가 반드시 병행되어야 합니다. 또한, 당신 삶 주위에서 일어나는 문제들에 대해서 보다 깊은 관찰자적 시선을 가져야만 합니다. 창의적인 시선은 타고난 재능도 아니고 의지로 만들 수 있는 것도 아닙니다. 핵심은 창의적으로 바라볼 수 있는 환경(시스템)을 조성하는 겁니다.

하루하루 노력한 결과로 내 책을 서점에서 만날 때 당신은 특별한 감동을 경험합니다. 이 감동을 1년에 한 번씩 경험해 보라는 것입니다. 처음에는 책이 나오고도 무엇이 달라졌는지 잘 알지 못합니다. 당신 이름으로 된 책이 3종, 4종, 5종으로 늘어날 때 저자의 이름을 기억하고 책을 찾는 사람들이 생기기 시작합니다. 처음에는 미약해 보여도 곧 세상을 끌어당기는 당신만의 작은 중력을 갖게 됩니다. 누군가 당신을 만나러 와야 할 이유를 갖게 되는 것 그것이 당신만의 질량, 당신만의 중력입니다.

 변화성장을 위해서는 자신을 자세히 들여다보는 개미의 시선과, 큰 흐름을 한눈에 내려다보는 새의 시선, 자기 영역 밖을 자유롭게 넘나들며 주변을 탐색하는 물고기의 시선이 필요합니다. 개미와 물고기의 시선을 가진 사람은 쉽게 볼 수 있습니다. 그럼에도 변화성장이 정체되어 있다면 자기 삶을 조망하는 새의 눈을 갖지 못했기 때문입니다. 설악산 울산바위에 오르면 서쪽으로는 육지가 동쪽으로는 바다가 한눈에 보입니다. 이 둘을 한눈에 담을 때 비로소 흐름이 읽힙니다. 마찬가지로 당신을 관통하는 삶의 거대한 흐름을 알아야 당신만의 판을 설계할 수 있습니다.

#역치

당장 쓰기를 생활화하겠다고 무턱대고 뛰어들다가는 포기도 빨리 찾아옵니다. 매년 12월이 되면 플래너를 삽니다. 처음 며칠은 잘 쓰다가 1월 이후는 깨끗합니다. 다시 시작하고 싶다는 욕구가 '새해'라는 시기와 맞물릴 때 강한 동기부여가 일어납니다. 이때 사람은 자신의 역치를 가볍게 뛰어넘습니다. 이 시기는 강한 동기와 의지의 구간입니다. 하지만 짧습니다. 며칠도 안 돼서 당신은 의지의 구간을 빠져나오게 되고 굳게 다짐했던 마음은 속절없이 흔들립니다.

역치란 간단히 말해 자극에 반응하는 정도입니다. 작은 자극에 반응이 쉽게 일어나면 역치가 낮은 겁니다. 처음 운동하는 사람이 3Kg 바벨을 힘들어하면 그가 넘어야 할 역치값은 3Kg입니다. 역치 이상의 무게를 들면 처음에는 힘들지만, 꾸준히 지속하면 몸이 받아들이고 감각이 순응하면서 우리 몸은 곧 편안한 상태가 됩니다. 역치를 끌어올린 것입니다. 그러면 올라간 역치를 넘어서기 위해서 더 높은 자극에 도전할 새로운 의지가 생깁니다. 이처럼 사람이 변화성장하는 메커니즘이 글쓰기라고 해서 다르지 않습니다.

역치를 넘어서는 순간 일시적으로 변화를 느낍니다. 운동을 막 끝냈을 때 잠시 근육이 팽창하는 것과 같습니다. 순간의 변화에 취하면 안 됩니다. 이것은 진정한 변화가 아닙니다. 감각이 순응할 때까지 꾸준히 반복해야 하고 이전으로 돌아가지 않는다는 확신이 들 때 당신은 진정한 변화와 동시에 성장했다고 말할 수 있습니다.

#나는 어떻게 내가 될 수 있는가

3년간 최소 3종의 책을 쓰자고 하면 '3년'이라는 짧지 않은 시간에 거부감부터 들면서 외면하고 싶을 겁니다. 당신은 두렵습니다. 한 가지 일을 3년간 지속해본 적이 없기 때문입니다. 미리 겁먹지 마세요. 3년이라는 시간을 한 번에 살 수는 없습니다. 시간은 선형적으로 흐르고 지금 당신이 넘어야 할 것은 당장 눈앞의 1년입니다. 1년에 한 종의 책을 낸다는 건 스스로 파악한 삶의 문제를 6개월 혹은 1년간 A4 100장의 분량만큼 집중해서 고민하겠다는 뜻입니다.

지금까지 당신이 해온 자기계발은 어땠습니까? 책은 남의 인생입니다. 강연도 남이 얻은 통찰입니다. 남의 것을 읽고 들어서 기록할 수는 있지만 기록만으로 그것이 내 것으로 체화되지는 않습니다. 실체가 있는 변화성장을 원한다면 직접 해야 합니다. 당신의 몸과 마음과 머리를 직접 써서 얻은 산 경험이어야 합니다. 꾸준히 글을 쓰다 보면 도중에 어려움이 있고, 포기하고 싶은 유혹이 있고, 한계라는 생각이 드는 고통의 구간을 맞이하게 됩니다. 이때 '무언가가 되려고 애쓰지 마!' '너는 재능이 없어' '그만큼 했으면 됐어' 라는 내면의 소리를 듣게 되고 당신은 도망치고 싶어집니다. 목소리의 주인공은 남편이나 아내가 되기도 하고 부모님이나 친한 친구, 때로는 당신 자신의 몸을 입고 말하기도 합니다. 이런 장벽 앞에서 밖으로부터의 동기부여는 반짝하고 역치를 넘는 데 도움이 되지만 일시적입니다. 한계를 극복하고 유지하는 일은 온전히 자기 자신의 몫입니다.

스스로 자기 안팎의 문제를 찾고, 거기서부터 쓰기 시작하고, 쓰기를 위한 읽기를 하고, 가능하다면 그것이 책이 되도록 해보라 말하면 사람들은 당장 열의에 차서 도전합니다. 하지만 열이면 열 얼마 못 가 힘들다고 합니다. 그 힘듦은 당연히 당신에게도 찾아옵니다. 쓴다는 것이 쉽지만은 않기 때문입니다.

거기에 비해 책을 읽는 건 쉽습니다. 앉아서 듣는 강연은 더 쉽습니다. 남의 인생이고, 남의 통찰이고, 남이 세운 목적이라서 그렇습니다. 당신은 그저 독자이자 청중이면 그만입니다. 가슴을 울리는 저자와 강연가의 삶에 공감한다면서 어째서 그가 살아온 방식을 당신 삶으로 끌어와

적용할 생각은 하지 않습니까.

 그와 당신은 다르다고 생각하기 때문입니다. 이것이야말로 흔한 자기기만입니다. 그가 당신보다 불리한 처지에서 출발했고 그랬기에 성공에 대한 목표 의식이 남달랐을 거라 핑계를 댑니다. 당신의 유리한 현실조차 불리한 요건으로 내동댕이칩니다. 당신은 성공으로 얻을 기쁨보다 만에 하나 실패했을 때 겪게 될 괴로움을 훨씬 두려워합니다. 그래서 섣불리 뛰어들기보다 차라리 중간만 가자고 당신의 두 발을 묶어둡니다. 행동심리학에서 말하는 '손실회피편향'입니다.

 당신은 '책'과 '강연'에서 만나는 인물들처럼 자기 세계를 향해 단숨에 도끼를 내리칠 수 있어야 합니다. 그러지 못한다면 자기계발은 설렘으로 끝납니다. 그건 시간 낭비입니다. 이때 투입되는 시간은 노력이 아니라 의미 없이 휩쓸린 감정 놀이입니다. 당신은 탐험하지 않은 땅입니다.

들어가면 신비한 탐험이고 생각만 하면 허무한 공상입니다.

#*한번의 '찐' 경험이 관점을 바꾼다*
 단 한 번의 '찐' 성공을 거둬 보십시오. 이리저리 재지 말고, 서서히 끓어 오르지 말고, 단번에 내리쳐서 마른 장작이 쩍 소리가 나도록 당신이라는 세계로 들어서십시오. 3개월 6개월도 좋고 1년도 좋습니다. 멀리 가지 않아도 되고 돈 쓸 일도 없습니다. 하루 단 두 시간 당신을 위해 노트북을 열고 쓰세요. 발아래 묶인 당신의 시선을 흐르는 시간 위에 던져놓고 대체 당신의 삶이 어디로 흘러가는지 집중해 보세요.

 가능하면 1년 이내에 목표를 세우고 눈에 보이는 구체적인 결과를 만들어 보세요. 책 쓰기면 더욱 좋습니다. '찐' 변화를 경험하고 나면 당신은 아마 다음 쓸 거리를 고민하고 있을 겁니다. 일상에서 당신 삶에 적극적인 호기심을 갖는 것, 그것이 진정한 자기계발이고 자기를 향한 혁명입니다.

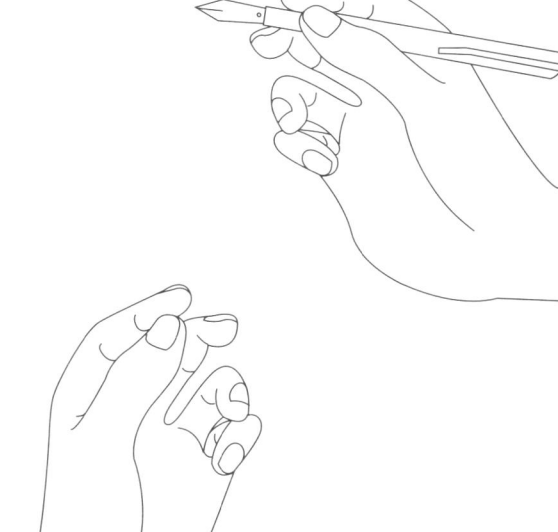

쓰기로
풀지 못할 문제는 없다

Part. 4

책상을 보면 미래가 보인다

문장수집노트 [파일도서관]

가장 쓸데없는 능력은 필력이다

인생이나 글이나 하나씩 풀면 풀린다

프롤로그는 전부다

목차는 거칠게

쓸 게 없다는 말

은유

정리

책상을 보면 미래가 보인다

 이제 쓰기와 읽기의 구체적인 방법에 관해 이야기해 보겠습니다. 쓰기와 읽기는 동전의 양면입니다. 보통 쓸 때는 쓰는 일에만 집중하고 읽을 때는 읽는 일에만 집중합니다. 하지만 쓰기와 읽기는 각각이 아니라 동시에 나아가야 할 지적 활동입니다.

 저는 쓰기와 읽기를 동시에 합니다. 책상 가운데 노트북을 놓습니다. 노트북 왼쪽에는 태블릿을 놓고, 오른쪽에는 읽을 책 대여섯 권을 놓습니다. 이것이 쓰는 데 필요한 기본 준비입니다. 준비됐으면 정해진 주제에 따라 첫 페이지부터 써 내려갑니다.

#왼쪽은 태블릿

쓰기를 위한 읽기의 전제는 쓰고자 하는 주제가 정해진 상태에서 시작한다는 겁니다. 따라서 쓰면서 참고해야 할 책이 미리 준비되어 있어야 합니다. 어떤 주제의 글을 쓰더라도 인터넷 검색과 책을 참고해가면서 쓰면 글의 질은 좋아집니다

태블릿은 전자책을 읽는 용도입니다. 전자책 전용 리더기가 없어도 일반 태블릿이면 가능합니다. 전자책은 '밀리의 서재'를 많이 보는 편입니다. 월 정액제로 무제한 내려받아 볼 수 있는 스트리밍 방식이어서 자료를 찾는 데 부담이 없습니다. 하이라이트 기능과 메모 기능도 있어서 찾은 정보

를 즉시 메모하고 저장한 후 자료를 인용하거나 글을 쓸 때 효과적으로 활용할 수 있습니다. 책을 찾아볼 때는 신간보다는 독자평이 좋은 스테디셀러 위주로 찾아서 그때그때 전자책 속 책장에 저장해둡니다.

#오른쪽은 종이책

아직 전자책으로 나오지 않은 책은 종이책으로 읽습니다. 책은 빌려 읽기보다는 가능한 사서 읽기를 권합니다. 쓰기를 위한 읽기를 하면 꼭 필요한 책만 사게 됩니다. 독서를 양으로 겨루자는 게 아니어서 책 낭비, 돈 낭비할 일이 없습니다.

저에게 책은 종이를 입은 저자의 생각일 뿐입니다. 책의 물성 자체에 의미 부여를 하지 않습니다. 당신이 어떻게 성장해 나갈지는 소유한 책을 어떤 존재로 다루느냐에 달려 있습니다. 저는 책은 험하게 쓰면 쓸수록 좋다는 주의입니다. 쓰기를 위해 꼭 필요한 책만 삽니다. 사놓기만 하고 책을 내버려 두거나 형식적으로 훑고 지나치지 않습니다. 읽으면서 메모와 밑줄 긋기는 기본이고, 인상적인 문장은 '**문장수집**'이라는 별도의 폴더에 고이 옮겨둡니다. 옮긴 문장에서 얻은 영감이나 아이디어가 있으면 수집한 문장 아래 파란색 글씨로 저의 생각을 덧붙여둡니다. 이렇게 모아둔 문장들은 글이 막힐 때마다 생각지 못한 길을 뚫어주는 영감이 됩니다.

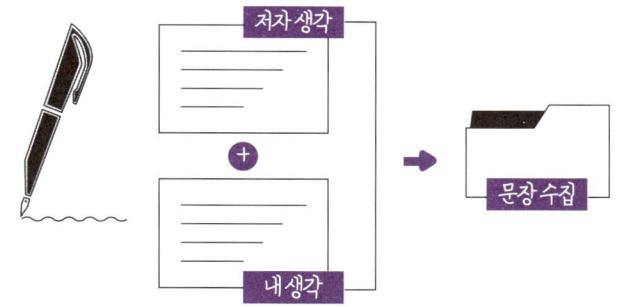

예전에는 밑줄이 비뚤어질세라 조심스러워 자를 댔고, 책 속 메모도 반듯한 글씨체로 정리되어 있어야 직성이 풀렸지만, 지금은 책은 상전이 아니라 성장에 필요한 도구일 뿐이라고 생각합니다. 독서는 '나'라는 단단한 질서를 흔들

기 위해 자신을 향해 메스를 들이대는 행위입니다. 따라서 책은 저자와 불편한 동행을 마다하지 않으면서 주체적으로 읽어야 합니다. 저의 책 속에는 휘갈긴 메모가 난무합니다. 책이 못나질수록 책에 대한 애정은 더욱 깊어집니다. 손때도 타지 않고 서가로 들어가 잊힌 책이 되느니 동고동락한 낡고 불편한 책이 저에게는 훨씬 귀합니다.

책 쓰기를 목표로 읽기를 시작할 때 저는 먼저 책장부터 비웁니다. 써야 할 주제와 관련된 책이 다른 책과 섞이면 책장을 볼 때마다 주의가 산만해집니다. 있던 책이 빠진 자리에는 6개월 동안 쓰기에 참고할 책만 골라서 꽂습니다. 책장만 훑어봐도 당신이 무엇을 쓰고자 하는지가 보여야 합니다. 책장에 분류된 책이 쓰고자 하는 주제와 일치할 때 필요한 책을 제대로 골랐다고 할 수 있습니다. 목적 있는 쓰기와 읽기를 하는 사람에게 책장은 작을수록 좋고 책은 적을수록 좋습니다. 한정된 시간을 최대한 효율적으로 쓰려면 말입니다.

#전자책 vs 종이책? 뭐가 낫지?

전자책 하면 어디서든 꺼내 읽을 수 있다는 편의성이 가장 큰 장점이지만, 확실히 책을 만질 때의 질감이나 페이지를 넘길 때의 아날로그적 감성은 종이책만의 매력입니다. 소설가 한강은 말합니다. "문학이란 영원히 새로운 것을 다루기 때문에 결국 새롭게 출현할 수밖에 없다. 사람들이 모니터 속에 존재하는 이미지들을 손으로 만질 수 있는 매체를 그리워하고 있지 않나 생각한다." 작가의 말처럼 책을 넘기는 소리, 책의 질감 냄새와 같은 아날로그적 감성은 종이책만의 강점이지만 이 세계에 영원히 고정된 것은 없습니다. 전자책의 출현을 받아들이고 변화에 발맞춰 익숙해지는 것이 독자에게도 유익한 일입니다.

  이제 전자책이냐 종이책이냐를 따지는 양자택일의 논쟁은 무의미합니다. 독자의 기호에 따라 종이책을 읽기도 하고 전자책을 읽을 수도 있습니다. 전자책의 단점이 있음에도 불구하고 장점은 단점을 상쇄하고도 남습니다. 가장 매력적인 점은 휴대성과 접근성입니다. 전자책은 손안에 들어가는 거대한 도서관입니다. 언제든 복사하고 인용하고 메모하기도 쉽습니다. 어디서나 백업을 할 수 있어서 잃어버릴 염려도 없죠. '쓰기 위한 읽기'에서 제가 가장 중요하게 생각하는 것은 시간과 효율입니다. 문제로부터 출발한 쓰기가 얼마나 '빨리', '정확히' 사유하고 답을 찾아가는가를 따져볼 때 전자책은 두말할 것 없이 최고의 선택입니다. 즉시 찾아내고 기록하고 저장하는 기능은 문제 해결에 강력한 도구가 됩니다. 종이책과 전자책 둘 다 필요합니다. 어느 쪽이 좋으냐를 놓고 논쟁할 것이 아니라, 얼마나 빨리 새로운 매체에 익숙해질 것인가를 고민하는 게 올바른 판단입니다.

목적이 분명한 독서를 하고, 쓰기를 통해 문제를 구체화하고, 그 결과를 책으로 정리하라고 강조하는 것은 최소한의 시간으로 최대한의 효율을 얻는 방식에 익숙해질 때(쓰기 위한 읽기) 당신이 그토록 바라는 구체적인 변화성장을 압축적으로 이룰 수 있기 때문입니다.

우리에게 시간은 늘 부족합니다. 현실이 그렇습니다. 오늘도 새벽 5시에 힘겹게 일어났다면 그에 대한 보상이 따라야 하지 않겠습니까? '두 시간을 쓰고도 나는 뭘 했나?'라는 생각이 들어서는 곤란합니다. 단 1초의 팽창도 수축도 하지 않는 시간은 극복의 대상이 아니라 관리의 대상입니다. 하지만 같은 두 시간이라도 쓰는 사람에 따라 시간의 질은 달라집니다. 시간을 주체적으로 관리하기 위해서는 인생의 목표를 분명히 할 것과 문제를 푸는데 필요한 최적의 도구를 사용할 줄 알아야 합니다.

문장수집노트 [파일도서관]

 세상이 달라지면 사는 방법도 달라집니다. 책을 대하는 사람들의 태도 또한 그랬습니다. 지난 3년, 비대면 생활이 일상화되면서 모든 일이 모바일 기기에서 이루어졌습니다. 책도 마찬가지입니다. 서점에 나가는 것조차 어려워지면서 전자책을 사서 읽거나 정기 구독하는 수요가 급증했습니다. 코로나로 인해 집에서 시간을 보내는 시간이 많아져 책을 읽는 시간도 함께 늘어난 것입니다. 2020년 기준 전자책 플랫폼의 수익을 보면 '리디북스'의 지난해 매출은 1,556억 원으로 전년 대비 35% 증가하며 사상 최대 매출을 기록했습니다. '밀리의 서재'도 전년 대비 매출이 75% 증가한 192억 원을 기록하며 뚜렷한 성장세를 보였습니다.

코로나 이후 종이책만 고집하던 기존 독자들의 선입견도 많이 달라진 모습입니다. 저 또한 '쓰기 위한 읽기'를 하면서 접근성, 관심 키워드 검색, 메모, 저장 기능을 갖춘 전자책에 큰 도움을 받고 있습니다.

#쓰기 위한 읽기

글을 쓰다 보면 곳곳에서 자기 생각이 미치지 못하는 지점에 맞닥뜨리게 됩니다. 아예 꽉 막혀서 한 걸음도 나아갈 수 없을 때 그때마다 저는 필요한 책을 찾아서 읽습니다. **머릿속에 물음표'?'를 켠 상태에서 '와'하고 느낌표'!'가 확 다가오는 문장을 찾아내는 순간 그 문장은 온전히 당신 것이 됩니다.** 책에서 얻은 소중한 문장을 단순히 읽고만 지나가서는 안 됩니다. 반드시 밑줄을 긋습니다. 전자책은 밑줄을 긋는 동시에 자동 저장되어서 나중에 '보기'만 검색해도 당신이 그은 책 속 문장 전체를 순서대로 일람할 수 있습니다. 밑줄 그은 문장을 차례대로 훑어보는 것만으로도 책에서 당신이 어떤 지점을 중요하게 생각하는지 인식의 흐름을 객관적으로 확인할 수 있습니다.

 전자책이든 종이책이든 일단 밑줄 그은 문장은 책상 가운데 놓인 노트북에 옮겨 적습니다. 저는 '문장수집'이라는 파일을 따로 만들어서 책별로 얻은 문장을 수집합니다. 하지만 단순히 베껴 쓰는 차원이어서는 문장에 대한 이해가 조금도 깊어지지 않습니다. 이래서는 문장을 수집하는 의미가 없습니다.

정리한 문장수집 파일을 열어보면 책별로 저자의 문장과 자기 생각을 덧댄 문장이 교차하며 나열되어 있습니다.

저는 한 달에 한두 번 시간을 내서 지난 문장을 다시 읽어 봅니다. 정리된 내용은 대개 책 한 권당 A4 3~4장 내외입니다. 읽는 데 부담이 없습니다. 문장을 다시 읽을 때는 차분한 마음으로 느리게 읽습니다. 어떨 때는 한 문장을 몇 시간씩 붙들고 있기도 합니다. 문장이 몸에 스미는 시간을 두는 겁니다.

 수집한 문장에는 분명 저의 삶과 이어지는 연결고리가 존재합니다. 문제로부터 쓰기를 출발했고 생각이 막힌 부분에서 더듬어 찾아냈기 때문입니다. 문장을 그대로 저장하면 베껴 옮긴 글과 다를 바 없습니다. 저자의 삶에서 떨어져나온 문장이 자기 삶으로 이어지는 맥락을 찾아야만 그 문장은 응용된 지식으로서 가치를 띱니다. '아! 좋은 문장이다.'라고 느끼는 것은 영감의 차원이고, 그 문장이 피부를 파고들어 현실에서 자기 삶의 서사를 열어주는 물길이 되어준다면 그것은 지식의 차원에서 지혜의 차원으로 응용된 문장이라 할 수 있습니다.

순간 한 문장에 꽂혀 시선이 멈췄다는 것은 당신의 내면에 분명 어떤 자극이 가해졌다는 의미입니다. 일단 문장에 시선은 멈췄는데 막연히 좋기만 할 뿐 어떻게 활용해야 할지 모를 문장도 있습니다. 괜찮습니다. 당장은 아니어도 옮겨 놓으면 후에 좋은 글감으로 쓸 일이 생깁니다. 좋은 문장이 늘어나면 당신의 언어 세계도 그만큼 확장되는 겁니다.

　문장을 옮겨 놓았다고 해서 쓰기로 곧장 돌아오지 않습니다. 옮긴 문장이 걸어오는 말을 가만히 들어봐야 합니다. 이때 떠오르는 것이 있으면 문장 아래 파란색 글씨로 당신의 생각을 이어서 적어둡니다. 눈길을 사로잡은 문장에 즉각 떠오른 영감을 투영시켜 당신만의 문장으로 다시 뽑아내 보는 겁니다. 흉내 내기가 아닙니다. 저자의 문장을 당신의 문장으로 재창조하는 작업입니다.

　잠시 문장수집의 구체적인 예시를 통해 문장수집 방법

을 머릿속에 그려봅시다. 다음 예시는 캐서린 메이의 에세이 《우리의 인생이 겨울을 지날 때》입니다. 저는 마흔에 관한 글을 2년째 쓰고 있습니다. 실제로 마흔이라고 쓸거리가 막 넘쳐나는 게 아닙니다. 제 나이의 문제들을 하나씩 되짚어보고 정리하더라도 생각이 닿지 않는 영역이 분명 있습니다. 이럴 때 동시대를 살아가는 같은 세대의 인물들이 자기 삶을 어떻게 바라보는지 살펴보는 일은 도움이 됩니다.

> ### 예시1 | 문장수집
> "불안은 지하수처럼 내 몸 안에 잠복해 있다가, 이따금 비처럼 쏟아졌고, 목구멍까지 차올라서는, 비강으로 밀려들고 눈가에 쌓이곤 했다."

작가는 금방이라도 눈물을 쏟아낼 것 같은 불안한 모습을 두 줄 문장으로 이야기하고 있습니다. 저는 쏟아지는 빗물, 경사로를 타고 빠르게 흐르는 물의 기세, 그러다 어느 구간 탁 막혔을 때 거기서부터 빠르게 불어나는 물을 떠올렸습니다. 작가의 문장은 제가 가진 표현 밖에 있습니다.

익숙한 단어의 낯선 조합이 제 눈길을 끌었습니다. 불안, 지하수, 잠복, 비강으로 밀려들고 눈가에 쌓였다는 말들이 그랬습니다. 시선을 멈추게 한 문장에는 이유가 있습니다. 무엇 때문에 멈추었는지 이유를 알 필요는 없습니다. 그냥 느끼는 겁니다. 가슴에서 흘러나오는 소리를 듣고 그 소리를 따라 들리는 대로 자기 문장을 다시 써봅니다.

(다시 쓴 문장)
불안은 녹지 못하고 얼어버린 눈처럼 음지에 잠들어 있었다. 그러다 가끔 찾아드는 햇살에 속절없이 녹아내리는 날이면, 풀어진 감정이 목구멍까지 차올라 눈물샘을 뚫고 밖으로 쏟아지고는 했다. 이렇게 쓰고 나서는 문장 뒤에 괄호를 쳐서 어떤 글에 활용하면 좋을지 단서를 달아 놓습니다. **(불안한 미래를 다루는 글에 활용하면 좋을 문장)** 이렇게 해 놓으면 한 번씩 문장수집 파일을 꺼내 볼 때마다 영감이 된 저자의 문장을 확인함과 동시에 자기 생각을 함께 비교해 볼 수 있어서 문장력을 키우는 데 도움이 됩니다.

문장수집의 예시를 같은 책에서 몇 개만 더 보겠습니다.

> **예시2 | 문장수집**
>
> "겨울은 해변이 온통 내 것이라 믿게 되는 계절이다."

 이번에는 짧은 한 문장에 끌려서 수집한 문장입니다. 그런데 다시 써본 저의 문장을 보면 원래 문장의 느낌을 감지하기 어렵습니다. 문장 자체가 영감이 됐다기보다 문장이 잊혔던 과거의 한 시점을 두드려 기억의 문을 연 경우입니다.

 (다시 쓴 문장)

 살을 에는 영하의 날씨는 직관적이다. 사람들은 겨울 해변에 발을 들이지 못한 채 히터 튼 차 안에서 추위를 가늠하며 바다를 관망한다. 영하의 바다를 노곤한 차 안에서 바라볼 때 그들이 바라보는 바다는 겨울 바다가 아니라 겨울에 찾은 자동차 속 바다라 해야 옳다. 나는 바다를 느끼기 위해 언문을 열었다. 하늘과 바다 사이 수평으로 물린

해변에 바늘처럼 수직으로 선 나는 실을 꿰듯 가는 발자국을 한 땀 한 땀 찍어가며 백사장을 걸었다. 몸은 얼어도 머리는 수정처럼 맑아지는 기분이었다.

다시 써본 문장을 보면 글의 길이는 길어져 있고 장면들은 구체적으로 묘사되어 있습니다. 오롯이 저의 경험을 관통한 문장이기 때문입니다. 이렇게 저자의 짧은 문장 하나가 '존재'를 관통할 때 잊고 있던 인생의 지난 장면이 다시 재현되기도 합니다.

> ### 예시3 | 문장수집
> "발걸음을 내디딜때 쏠리는 힘이 복부 안쪽에 자극을 주지 않게 하려다 보니 나도 모르게 기우뚱해진다."

이 문장도 과거의 한 시점과 이어집니다. 딸, '다연'의 첫 운동회였습니다. 이날 아버지 달리기 대회가 열렸습니다. 거의 이십 년 만에 출발선 앞에 서니 잘하고 싶은 욕심이 컸나 봅니다. 전력을 다해 뛰다가 결국 결승선 앞에서 넘어지고 말았습니다. 이 문장에서 그동안 잊고 있던 운동회를 떠올리게 된 겁니다.

(다시 쓴 문장)
 디딤발에 힘이 실린 순간 뚝하는 소리와 함께 허벅지에 힘이 풀리는 걸 느꼈다. 몸이 한쪽으로 기우뚱해지는 걸 바로잡으려 속도를 늦추려 했지만 나의 시선은 결승선을 눈앞에 두고 이미 곤두박질치고 있었다. (자기를 객관적으로 바라보자는 취지의 글을 쓸 때)

 아이의 운동회에서 겪었던 일이지만 자기에 대한 객관적 인식이 부족하거나 현재 상황을 인정하지 못할 때 벌어질 수 있는 사건입니다. 결승선 앞에서 넘어진 이 사건은 당신의 삶 다른 장면에서 얼마든지 활용할 수 있는 글감이 됩니다.

#경제경영도 문장수집

이번에는 경제경영 마케팅 분야의 책 가운데 문장수집의 한 예를 살펴보겠습니다.

세스 고딘, 《이것이 마케팅이다》

다음 문장은 아마존의 롱테일 전략을 설명한 글 가운데 일부입니다. 경제경영 분야는 삶의 문제와 직결되어 있어서 책을 읽을 때 문장수집을 병행하면 더욱 실용적인 통찰을 얻을 수 있습니다.

예시4 | 문장수집

"거대한 시장들은 먼 롱테일에(긴 꼬리의 법칙) 속한 개인들의 헛된 희망과 꿈에 의존한다. 그들은 개별적으로 하덕인다. 하지만, 한데 모아놓으면 좋은 사업이 된다."

이 문장을 힌트로 저는 다음과 같이 생각을 발전시켜보았습니다.

(생각 정리 문장)

 불황으로 인해 출판사의 성장전략이 변하고 있다. 책 소비가 줄고 베스트셀러가 나오기 힘든 요즘, 부수를 적게 찍고 책의 종수를 늘이는 것은 소비자에게 닿는 판매 면적을 넓히자는 전략이다. 출판 경기가 어렵다고는 해도 출판사와 출간되는 서적의 종 수가 늘어나는 이유는 이 때문이다. 롱테일은 여기에 속한다. 하지만 저자의 입장이라면 문제는 다르다. 저자는 한번에 여러 종의 책을 낼 수 없을 뿐 아니라, 출판 이력은 이후 오랫동안 저자의 시장 영향력을 가늠하는 지표가 되므로 준비 없이 책을 함부로 내서는 안 된다. 책 한 종에 대한 리스크는 출판사만큼이나 저자에게도 크다.

 책을 읽다 보면 자기 분야가 아니더라도 끌어와서 생각해 볼 부분이 있습니다. 이럴 때 평소 생각지 못한 측면을 들여다볼 기회가 생깁니다.

예시5 | 문장수집

"이제 우리는 지금까지 하던 일에서 생긴 거대한 변화를 활용하고,
이 지렛대를 통해 더 나은 것을 재정의할 때가 되었다.
시장이 더 나은 것을 기다리고 있기 때문이다."

이 문장에서 저는 현재 진행 중인 사업 가운데 이미 변화가 가속화되고 있는 영역을 떠올려 보았습니다. 개인 브랜드 컨설팅에서 책은 중요한 콘텐츠입니다. 종이책에 집중하는 동안 전자책의 성장에 대해서는 솔직히 큰 관심을 두지 않았습니다. 코로나 이후 시장의 흐름이 확실히 바뀌는 것을 느끼던 차에 이 문장을 읽었고 그 순간 피부에 와닿는 위기감을 느꼈습니다. 시장을 앞서나가는 것도 중요하지만 뒤처지는 것은 더 큰 위협 요소가 될 수 있습니다. 앞 문장을 읽고 생각한 내용은 다음과 같습니다.

(생각 정리 문장)

전자책 시장은 커지고 있다. 책을 내고자 한다면 전자책은 종이책에 비해 출판에 이르는 문턱이 높지 않다. 집필

분량이 적고 비교적 짧은 기간 내에 책을 완성할 수 있다. 출판사 또한 제작 및 재고 부담이 없는 데다 한번 제작으로 유통 비용이 없다는 점은 매력적이다. 시장에서는 ISBN이 없는 PDF 형식의 전자책이 무분별하게 생산되고 있다.(문제점=기회 요인) 출판사를 거치지 않고 유통되는 전자책이 많다 보니 콘텐츠의 질과 신뢰성이 떨어진다는 지적이 있다. 출판기획의 경험을 활용해 전자책을 기획, 집필, 코칭, 발행, 유통(대형 인터넷서점), 판매까지 책임지는 시스템을 구축하고 전자책을 만든다면 이 문제는 어렵지 않게 해결할 수 있다. '책다운 책'이라는 콘셉트로 제대로 된 전자책을 만들면 분산된 시장 수요를 집중시켜 충분히 흡수할 수 있지 않을까. 현시점에서 전자책 출판 검토는 시기적으로 좋을 수 있다.

 생각을 정리하다 보면 자기 생각에 확신이 들고 최종적으로 그 생각이 현실이 되는 경우가 있습니다. 위에서 말했던 것처럼 전자책 출판을 해야 할 이유가 분명해지면서 비즈니스 영역을 확대할 수 있었습니다. 이처럼 '쓰기 위한 읽기'를 통해 답을 찾으면 추상적인 생각이 구체적인 실행으로 연결될 때가 많습니다.

가장 쓸데없는 능력은 필력이다

 문장수집을 해본 사람이라면 문장력도 작심하고 집중하면 하루 만에 1년을 앞당긴다는 말을 이해할 것입니다. 과장이 아닙니다. 이번 장에서는 어떻게 하면 당신의 문장력을 단기간에 끌어올릴 수 있는지 알아보겠습니다.

 #당신은 물이다
 당신은 물이고 세계는 그릇입니다. 어떤 그릇에 담기느냐에 따라 당신은 달라집니다. 쓰기를 위한 읽기를 하다 보면 이 점을 또렷하게 경험하게 됩니다. 실제 책 쓰는 사람들의 원고를 보면 느닷없이 내용이 이상해질 때가 있습니다. 이런 경우는 열이면 아홉, 쓰기 위해 읽던 책이 아니라

이 기간 다른 장르의 책을 읽어서입니다. 자기계발, 경제경영 분야를 쓰다가 시, 수필, 소설을 읽으면 문장이 산으로 갑니다. 또렷하던 글이 흐려지고 뭉개집니다. 이성을 중심으로 전개하던 이야기는 어느덧 감성을 좇아 공감에 호소하는 글이 됩니다. 본인이 의도한 쓰기가 아닙니다. 쓰다가 '이게 아닌데' 하며 화들짝 놀랍니다. 이러한 이유로 이공계열 쪽 일을 하는 사람이 시, 소설, 수필을 쓸 때는 업무 시간 외 문학 서적만 읽도록 조언합니다.

책을 쓰려면 먼저 책장부터 비우라던 말 기억하십니까? 기존 책을 비운 자리에는 집필에 필요한 책만 골라서 꽂습니다. 책장은 쓱 훑어만 봐도 당신이 무엇을 쓰고자 하는지가 확실히 보여야 한다고 했습니다. 책을 목표로 긴 호흡의 글을 쓰다가 읽는 책의 장르가 달라지면 이성과 감성은 순식간에 교란됩니다. 심지어 듣는 음악만 바뀌어도 글의 감성이 달라집니다. 자기만의 집필 공간이 있으면 쓰기에 유리하다는 이유도 이 때문입니다. 공간에 들어서는 순간 무엇을 쓸 것인지 자신이 설정한 콘셉트를 자연히 각성하게 됩니다.

#한 장으로 주제 설명해보기

주제를 정했으면 글을 쓰고자 하는 이유와 읽었으면 하는 대상, 전달하고자 하는 메시지를 자기 언어로 설명할 수 있어야 합니다. 책을 목적한 글이든 아니든 읽는 대상을 정한다는 것은 저자의 나직한 음성이 자기 안의 메아리로 그치지 않고 책 밖의 독자로까지 이어짐을 뜻합니다. 주제란 깊은 밤의 가로등입니다. 출구를 찾지 못해 헤매는 글 속에서 한 움큼의 빛이 절박한 순간이 있습니다. 이때 깜깜한 글을 비추는 주제가 중심을 잡고 있으면 꿋꿋이 자기 생각을 밀고 나갈 수 있습니다. 주제가 분명할수록 방향은 흔들리지 않습니다.

소방서 앞을 지나가면서 소방서를 모르는 사람은 없습니다. 경찰서를 지나가면서 경찰서를 모르는 사람이 없습니다. 딱 봐서 이 건물이 어디에 쓰는 물건인지가 확연히 드러나는 게 건물의 주제입니다. 명료합니다. 이것을 개념이라고도 하고 콘셉트라고도 합니다. 주제를 이루는 조건(쓰려는 이유, 읽을 대상, 핵심 메시지)이 분명하지 않을 때는 바로 글쓰기부터 시작할 게 아니라 주제에 대한 확신이 들 때까지 생각부터 정리해야 합니다.

혹 이렇게 말하면 글쓰기를 수단이 아닌 그 자체로 대할 수는 없는가 하는 불편한 마음이 들지도 모르겠습니다. 무언가를 수단화하려 할 때 본질에서 벗어난다고 생각하기 때문입니다. 당신에게는 쓰기의 자유가 있습니다. 쓰지 않는 것보다 어떤 형태로든 쓰는 게 낫습니다. 하지만 '쓰기 위한 읽기'는 분명 분투奮鬪하는 글쓰기입니다. 목적 있는 글을 통해 주변 현상을 이해하고 추상에서 구체로 삶에 적용해보려는 적극적인 글쓰기입니다. '나'라는 존재를 둘러싼 세계를 이해하기 위해서는 대상화할 수 있는 개별적 존재, 사물, 사건에 얽힌 의미를 읽어내기 위해 노력해야 합니다. 반복적인 삶이 타인의 낯선 경계와 부딪힐 때 내 삶의 기존 경계가 흔들립니다. 불편한 개인, 부조리한 조직, 정의가 실종된 사회와 부딪힐 때마다 그 위협이 내 존재를 추궁하는 질문으로 돌아올 때 쓰기는 단단한 자아의 외피를 깨고 정신을 깨우칩니다. 이것이 '쓰기 위한 읽기'의 목적입니다. 저는 쓰기와 읽기가 수단이 된다고 해서 독서의 본질에서 벗어나지 않는다고 생각합니다.

#나를 깨우는 합평

문장의 힘을 기르려면 자기 글을 가져야 합니다. 주제를 정했으면 A4 반장 이상의 글쓰기를 꾸준히 해봅시다. 함께 쓰는 사람이 있으면 서로의 글을 격려하고 의견을 주고받을 수 있습니다. 이러한 목적으로 갖는 글모임을 합평이라고 합니다.

합평이 처음인 분들은 상대의 글에 처음부터 끝까지 공감과 칭찬 일색입니다. 칭찬이 난무해서는 글의 겉만 훑을 뿐 문제의 본질에 닿지 못합니다. 합평은 서로의 글을 칭찬만 하는 자리가 아니라 여럿이서 각자의 생각을 부딪쳐가면서 자신이 닿지 못한 인식의 사각지대를 찾고자 하는 시도입니다.

합평에서 나누는 대화의 본질은 나 자신이 다른 누군가의 삶에 작동되고 있다는 사실을 그 자리에 있는 모두가 동시에 감응하는 것입니다. 회사원, 교사, 자영업자, 주부, 취준생까지 다양한 인물들이 섞인 자리지만 타인과 나를 뒤섞어가며 나누는 대화 속에서 생존에 얽매여 있던 시각을 잠시 닫아두고 자기 존재에 눈을 뜨는 것입니다. 바쁜 일상에서 다들 자신을 잊고 사는 것 같지만 내면에서는 끝없이 타인과 소통하고자 하는 언어의 갈증을 느낍니다. 합평이 바로 대화의 물꼬를 터주는 자리죠.

합평할 때 공감과 칭찬은 정확히 하고, 특히 비평은 '어느 문장'이 '어떤 맥락'에서 그러한지 가능한 상황과 감정을 분리해서 친절하게 표현해달라고 주문합니다. 글 쓰는 이에게는 추상적인 감상보다 '타자에게 비치는 나', '타자가 알고 싶은 나'를 솔직하게 말해주는 게 훨씬 값집니다. 다른 관점으로 다른 상황을 생각할 수 있는 건 인간이 유일하기 때문입니다. 타인의 시선을 빌리면 단단한 자아의 외피도 쉽게 뚫을 수 있습니다. 바로 그 틈으로 새로 시작해볼 나를 발견하는 것이고요.

합평은 글을 읽고 비평할 권리가 전제된 자리입니다. 친한 사이라도 공들여 쓴 문장을 과하다고 얘기하면 마음이 상합니다. 일면식도 없는 사람이 자기 글에 대해 조심스럽게 조언한다 해도 때로는 듣는 이의 마음이 불편해질 수 있습니다. 본인 나름은 애쓴 글이기 때문입니다. 우리는 감정이 있는 존재들이니까요.

하지만 자기 글에 대한 상대의 진심을 온전히 들을 수 있는 자리는 흔치 않습니다. 합평이라는 기회가 특별한 이유입니다. '비난 아닌 비평'을 '영혼 없는 공감이 아닌 진실한 조언'을 하자는 데 모두가 동의한 시간이기에 조금 불편할지라도 남이 쓴 글에 대해 솔직한 평가를 주고받습니다. 합평하는 자리인 만큼 상대의 견해를 진지하게 수용하려는 자세가 보입니다. 머리로 이해하는 공부가 아니라, 타자의 시각을 드리워 자신을 깨고 넓혀가는 배움이라서 합평이 끝나고 나면 모두가 시작 전보다 훨씬 열린 마음이 됩니다.

#당신은 단 하나의 당신이 아니다

글을 써보면 가장 확실하게 알게 되는 것이 '내가 무엇을 모르고 있는지'를 모른다는 사실입니다. 이럴 때 바로 '어디서부터 어떻게 써야 할지 모르겠어요'라는 말이 나옵니다. 출발점이 없으니 도착점을 떠올릴 수 없고 두 점 사이의 길이 보이지 않으니 막막할 수밖에요. 출발점, 도착점, 이동 수단 가운데 무엇을 가장 먼저 알아야 할까요? 지금 당신이 서 있는 그 자리, 바로 '출발점'입니다.

'당신이 지금 서 있는 자리는 어디입니까?'라는 질문은 '당신은 누구입니까?'라는 질문과 같습니다. 이 질문에는 선뜻 대답하기가 참 어렵습니다. 왜 그럴까요? 저의 이름은 이정훈입니다. 이름은 사회에서 저란 존재를 인식하고, 전달하고, 공유하기 편리하도록 고안된 '개념'입니다. 이정훈은 분명 제가 맞지만 이름 석 자만으로 저 자신을 설명하기에는 배경 정보가 터무니없이 부족합니다. 처음 만나는 사람에게 "안녕하세요. 이정훈입니다."라고 인사를 하면, 잘은 몰라도 '뭐, 그런가보다'하지 않겠습니까? 하지만 저는 보이는 대로의 제가 아닙니다.

 글쓰기는 '나'로 겹겹이 쌓인 '또 다른 나'를 한 겹씩 벗겨 보는 일에서부터 시작해야 합니다. 하루하루 쌓여가는 시간을 뭉뚱그려 '삶'이라고 해버리면 '나'라는 현상은 보일지라도 그 속의 의미는 실종되고 맙니다. 부모님 세대의 삶이 그랬습니다. 무늬 없이 일직선으로 결정된 시간을 살았습니다. '밥 먹자', '자자'하는 무심한 듯한 말 속에는 역할과 의무만으로 점철된 삶의 피로감이 고스란히 녹아 있었습니다. 하나의 이름, 하나의 정체성으로 살아야 한다는 게 그 시절을 지배했던 정서였습니다. 아버지는 돈을 벌어다 주는 존재, 어머니는 돈을 아껴 알뜰히 집안 살림을 하는 존재, 자식은 열심히 공부해서 집안을 일으켜야 하는 존재였습니다.

세월이 흐르고 부모와 저는 어느덧 자리바꿈을 했습니다. 이제는 자기 무늬를 찾아 저마다의 목소리를 내는 세상입니다. 더는 '나'라는 존재 범위가 하나의 역할, 하나의 소명에 묶이지 않습니다. 저는 제가 접속하는 모든 링크의 합입니다. 우리의 관계와 정신은 네트워크라는 거대한 세계와 상호 의존적으로 연결되어 있습니다.

인간은 탄생부터 의존적인 존재였습니다. 남의 경험을 배워가며 나의 경험을 만들어가니까요. 애초에 독립된 정체성이란 있을 수 없습니다. 우리는 저마다 순수한 결정체가 아니라 서로가 서로에게 연루되어 혼합된 창작물입니다.

  조직에서의 저와 집에서의 저 그리고 동호회에서의 저는 같은 사람이지만 동시에 각자의 콘셉트를 가진 개별적인 캐릭터입니다. 집에서는 조용한 사람이 밖에서는 활달할 수 있습니다. 일요일 교회에서는 한없이 너그러운 존재인데 밖에 나가서는 계산에 한 치의 오차도 용납하지 않는 사람일 수도 있습니다. 분명 다른 콘셉트, 다른 캐릭터입니다. 당신은 한 몸으로 여러 환경을 동시에 겹친 채 살아가는 존재입니다. 이렇게 복합적인 존재이니 '당신은 누구십니까?'라는 돌직구를 던지면 말문이 막혀버립니다. 자신에 대해 무지한 게 아니라 이 문제에는 단수가 아닌 복수의 답이 존재하기 때문입니다. 그래서 '이정훈'은 이름 석 자로 설명될 수 없습니다. 자신을 제대로 알고자 한다면 책상 위에 당신을 올려놓고 겹겹이 겹친 당신을 하나씩 벗겨가며 자기 존재를 규명하는 글을 써보는 게 가장 확실한 방법입니다. 당신이 당신을 설명하지 못하니 존재를 묻는 타인의 말에 말문이 막힐 수밖에요.

#인생은 복합적, 문제도 복합적

살다 보면 내가 잘살고 있나 하는 생각이 불현듯 들 때가 있고, 때로는 속도 조절이 안 돼서 위태위태할 때도 있습니다. 인생의 목적을 살짝 잃어 진행 방향을 확인해야 할 때나 브레이크를 밟아 속도를 잠시 줄여야 할 때도 저는 글을 씁니다.

쓰는 인간은 고민하는 인간입니다.

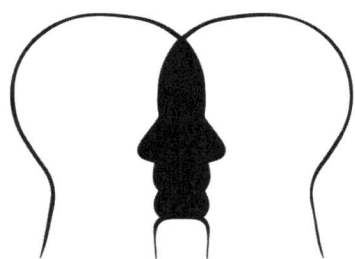

여러 겹의 콘셉트와 캐릭터가 겹쳐진 당신에게 일어나는 문제는 다채롭고 복합적입니다. 이걸 한번에 해결하려고

하면 미궁에 빠지고 맙니다. 당신은 시간의 순서대로 살 수밖에 없습니다. 한 문장이 완성되어야 다음 문장을 이을 수 있듯 인생도 앞의 문제를 해결해야 다음 문제로 넘어갈 수 있습니다. 당신의 앞길이 꽉 막힌 이유는 순서를 무시하고 캐릭터마다 복합적으로 발생하는 문제를 뭉뚱그려 하나로 보고 해결하려 들기 때문입니다. 무모한 시도입니다. 엉킨 실타래를 풀려면 결국 한 가닥의 실을 타고 되돌아가는 것 외에 방법이 없습니다.

인생이 복합적이니 문제도 복합적입니다. 아이와 갈등이 있는데 일은 일대로 스트레스를 받습니다. 물가가 오르는데 급여는 올해도 동결되고 한번 오른 물가는 떨어질 기미가 없습니다. 이런 가운데 단 하나의 문제에 집중한다는 건 쉽지 않습니다.

'너 자신을 알라'는 말을 저는 이렇게 해석합니다. '안 되는 건 안 된다는 걸 인정하라.' 삶의 복잡성을 인정하고 아무리 마음이 급해도 한 번에 한 문제씩 답을 구해가는 것이 결국은 가장 빠른 길임을 알라는 의미로 말입니다. 순서를 지키는 것은 깨달음의 문제인 동시에 불안을 누르고 정규속도로 가겠다는 결의의 문제이기도 합니다.

#쓰기는 문제다

일기를 오래 쓴 사람의 글은 깊습니다. 꼭 필력이 좋아서가 아니라 삶을 바라보는 시각이 남다르기 때문입니다. 일기의 주제는 주로 매일 일상에서 벌어지는 가벼운 문제들 가운데 가장 인상적인 한 장면입니다. 간혹, 또는 갑작스럽게 벌어지는 인생의 중차대한 문제에 비하면 일기는 가벼운 문제를 다룹니다. 하지만 작은 가시 하나에도 꼼짝 못할 만큼 아플 때가 있습니다. 가볍다 해서 가볍게 견딜 수 없는 게 인생입니다.

일기는 하루 한 문제를 푸는 과정입니다. 뭐든 많이 풀면 요령이 생깁니다. 풀다 보면 여러 패턴(맥락)을 익히게 되고 그 안에서 응용이 일어납니다. 어려웠던 문제도 익숙해지기 시작합니다. 익숙해지면 쉬워집니다. 문제가 쉬워진 이유는 당신에게 여러 개의 답이 담긴 마법의 주머니가 생겼기 때문입니다. 답을 다른 데서 찾지 않고 스스로 답을 만들 줄 알게 된 것입니다. 수학 문제를 보세요. 어렵든 쉽든 마지막은 항상 사칙연산으로 결론이 납니다. 어려운 문제를 풀어야 지혜로운 답에 이르는 게 아니라 작은 문제를 착실히 통과하다 보면 지혜로운 답을 스스로 만들 수 있게 됩니다. 수학도 인생도 얼마나 풀어보느냐가 정답입니다. 답을 찾는 것보다 직접 만드는 게 더 확실하지 않습니까? 이것이 쓰는 이유입니다.

쓰기의 과정은 '문제'이고, 완결된 글은 '해답'입니다. 문제를 내고 풀기를 반복하십시오. 쓰기는 그 자체로 목적이자 결과입니다. 그 자체로 진행이자 완결입니다.

제가 3개월 6개월 단기 글쓰기를 하는 이유입니다. 끊임없이 제 인생에 문제를 던지고 풀어가는 과정에서 삶을 각성합니다. 타자의 눈과 입만 좇아서는 자기 인생을 제대로 살펴볼 수 없습니다.

#욕심을 내려놓고 한 번에 하나씩

다시 '무엇을 쓸 것인가'로 돌아옵시다. 글을 쓰기로 결심했다면 당신의 감정을 들여다보세요. 인간의 감정을 언어로 구분해 보면 50가지를 넘지 않는다고 합니다. 기쁘고, 슬프고, 괴롭고, 떨리고, 설레고, 외롭고, 고통스럽고, 증오하고… 이렇게 열거해도 50개 내외라는 겁니다.

저는 주제를 찾을 때 제 감정을 먼저 살핍니다. 어떤 감정이라도 좋습니다. 현재 가장 선명하게 저에게 호소하는 감정에 시선을 둡니다. 그리고 감정을 발생시킨 물길을 거슬러 올라가 사건의 전모를 재생해 봅니다. 감정이 선명할수록 인물과 갈등 그리고 감정을 둘러싼 사건의 배경은 구체적입니다. 대개 자기 인생을 불편하게 만든 사건은 사람들이 쉽게 잊습니다. 저절로 잊히는 것 같아도 실은 적극적으로 잊으려 해서 잊힙니다.

 글은 잊힌 과거를 도로 꺼내놓습니다. 문제로부터 출발하려면 방법이 없습니다. 특히나 안 좋은 감정이 담긴 생각을 꺼내면 여간 불편하지 않습니다. 글에 대한 거부감, 글이 어렵게만 느껴지는 결정적인 이유가 바로 이겁니다. 어려움이 아니라 불편함 때문입니다.

 자, 당신은 지금부터 글을 쓸 겁니다. 잘 쓰려면 역설적이게도 잘 쓰겠다는 생각을 내려놓아야 합니다. 당신의 글쓰기에서 당분간 가장 쓸데없는 능력은 필력입니다. 일단 감정에 집중하세요. 그 감정을 좇아 원인이 된 사건을 떠올려 보세요. 불안하고 불편하다면 여전히 해결되지 않고 당신의 삶 언저리에서 질척거린다는 겁니다. 해결하려고 하지 마세요. 당신을 불편하게 한 문제를 있는 그대로 써보는 겁니다. 필력은 필요 없습니다.
 일어난 일을 최대한 자세하게 서술해보세요.

그런 다음 그때로 돌아가 당신의 행동을 바라봅니다. 당신이 무슨 말을 했고 어떤 행동을 했는지를 떠올려 보고 '왜 그랬을까?'하는 물음에 답해 보는 겁니다. 여기서부터가 중요합니다. '만약 그때 다르게 말하고 다르게 행동했더라면 결과는 어땠을까?' 인생에 만약은 없다지만 글에서는 얼마든지 가능합니다. 이미 지나간 일일지라도 만약을 가정하면 현재와 가정한 미래 사이에 벌어진 인생의 틈을 발견할 수 있습니다. '만약'이라는 가정 속에는 되어야만 했던 '당신'이 있습니다. 당신이 바라는 당신을 멀어지게 한 문제는 '만약에'를 전제한 글에서 그 진실을 드러냅니다.

'만약에 그랬다면'이라는 전제하에 당신이 바라는 삶을 문장으로 써봅시다. 현실에서 같은 문제가 다시 반복된다면 이번에는 방금 쓴 대로 살아볼 자신이 있습니까? 불편한 감정을 따라가며 글을 쓰다 보니 어느덧 글은 당신에게 변화를 촉구하는 구체적인 행동을 요구하고 있습니다. 즉각적인 변화까지는 기대하기 어렵더라도 문제를 아는 것이 문제도 모르고 사는 것보다 길을 찾기 쉽습니다. 구체적인 문제는 구체적인 고민을 가능케 합니다.

다시 살 수는 없어도 우리는 인생을 수없이 가정해 볼 수 있습니다. 우리는 되고 싶었던 '나'와 오늘의 '나' 사이를 메우기 위해 살아가야 합니다. '어떻게 살 것인가' 고민이 들 때마다 당신을 불편하게 만든 상황을 '만약에'로 되돌려 놓고 문제를 확인해가면 좋겠습니다.

#필력은 필요 없다

좋은 문장의 조건은 필력이 아닙니다. 잘 쓰려고 하면 망합니다. 사전적으로 부사 '잘'은 '옳고', '바르게'라는 뜻을 함의하고 있습니다. 그런데 사전적 정의와 달리 혹시 당신이 관습적으로 품고 있는 사회적 정의는 다르지 않습니까? 당신의 '잘'은 '그럴듯하게', '모양 빠지지 않게'라는 의미 아닙니까? 글을 쓸 때 '잘'이라는 것은 경험을 진실하게 서술하고 눈치 보지 않고 자기다운 글을 힘있게 밀고 나가라는 뜻입니다. 그래야만 말하고자 하는 저자의 진심이 드러나고 공감으로 가는 길이 열립니다. 필력은 필요 없다는 저의 주장을 뒷받침할 만한 좋은 사례가 있어 짧게 소개하겠습니다.

#서른의 나이에 방구석으로 숨어든 남자

실연과 회사에서의 부적응으로 어쩌다 은둔생활을 시작한 지 10년이 흘렀습니다. 어느덧 마흔이 된 그를 강연장에서 만났습니다. 당시 그에게는 뭐라도 해야겠다는 마음이 있었습니다. 강연이 끝나고 그가 살아온 지난 세월에 관해 이야기를 나눴습니다. "책을 쓰면 저도 인생이 달라질까요? 한 게 없는데." 그가 물었습니다. 저는 이미 그에게 큰 흥미를 느끼고 있었습니다. 아무것도 하지 않았다는 그의 10년이 콘텐츠로서는 대단히 매력적이었으니까요. 그에게 책을 써보라 제의했습니다. 그와의 글쓰기가 시작되었습니다. 처음부터 글쓰기가 순탄했던 건 아닙니다. 예상

된 문제였습니다. 그의 글은 솔직하지 않았으니까요. 위에서 말한 '잘'의 함정에 빠졌던 거죠. 그럴듯하게, 모양 빠지지 않게 말이죠.

 그는 글쓰기를 전공하지도 평소 책을 가까이하지도 않았습니다. 그렇다고 지적 호기심이 왕성해서 한 분야를 집요하게 파고드는 사람도 아니었습니다. 잘 써야겠다는 강박은 있고 출구는 없으니 남의 글을 베끼거나 흉내 냈습니다. 이러니 한 페이지를 쓰는 데 일주일이 걸립니다. 진솔하지 못한 글은 밀고 나갈 힘이 없습니다. 시선이 자기 안으로 향하지 않고 밖에서 겉도니 글은 글대로 안 나오고 힘은 힘대로 듭니다.

 이렇게는 안 된다고 잘라 말하자 그가 방법을 묻습니다. "제가 무슨 글 실력이 있습니까? 고작 중고등학생 수준일 텐데요." 맞습니다. 바로 그겁니다. 자기 언어로 자기 삶을 설명할 때 그 이상의 설득력은 필요 없습니다. 자기 언어로 지난 10년의 일기를 마음껏 써 보라고 했습니다. 그의 진짜 이야기가 이때부터 드러나기 시작했습니다. 일주일에 스무 페이지 넘게 원고가 올라왔습니다. 물론 버리는 글도 많았지만, 그 가운데 배꼽 잡고 넘어가는 글, 한 인간의 고독이 피부로 스며드는 진실한 글도 있었습니다. 필력이 아니라 구체적 상황을 전개할 때 느껴지는 사실의 힘, 진실이 실린 감정의 힘이었습니다. 사람은 파편적 정보만 주어져도 머릿속에서 그 조각들을 알아서 잇고 개연성 있는 서사를 만듭니다. 2018년 그의 글은 책 《어쩌다 히키코모리, 얼떨결에 10년》으로 정식 출판되었습니다. 책을 지렛대 삼아 그는 현재 삶의 사각지대에서 은둔하는 분들을 위한 강연가로 활동하고 있습니다.

#돌편지

〈굿바이〉라는 일본 영화가 있습니다. 원제목은 '오쿠리비 又送り人' 장례지도사 이야기입니다. 남자 주인공이 아내에게 돌을 하나 건네면서 이런 이야기를 합니다. 아주 오래전

문자가 없던 시절 멀리 있는 사람에게 안부를 전할 때 인편으로 돌편지를 보냈다고 합니다. 표면이 거친 돌은 삶이 편치 못하다는 뜻이고 매끄럽고 반질반질한 돌은 건강히 잘 있다는 뜻이랍니다. 울컥하고 마음을 울리는 대목이었습니다. 진정 좋은 문장은 기교나 기술이 아니라 진심입니다. 전해야 할 진심이 있다면 인간은 어떤 수단을 동원해서라도 자신의 마음을 전달하고자 애쓰는 존재입니다. 문자가 없던 시대에 고작 돌 하나로 참으로 깊은 정서를 담아서 보낸 것을 보면 말입니다.

거기에 비하면 당신의 문장은 어떻습니다. 표현하지 못하는 말이 있습니까? 전달할 수 없는 말이라는 게 있습니까? 그런데도 어째서 쓰지를 못합니까? 당신의 문제를 직면하려고도 하지 않고 직면했다 하더라도 어떻게든 진실을 피해 가려니 글을 꾸밀 수밖에요. '잘'쓰려고 하지 말고, 필력 따위를 생각하지 말고, 에라 모르겠다 하는 정신으로 솔직한 생각을 힘있게 밀고 나가야 합니다.

──쓰기로 풀지 못할 문제는 없다

눈치 보지 마세요. 당신은 '당신이 될 수 있는 최대의 당신'이 되면 그만입니다. 초고는 그렇게 쓰는 겁니다. 거칠게 쓰고 후에 촘촘한 정신으로 다듬다 보면 누가 보더라도 읽을 만한 글이 됩니다.

 문장력을 올리려면 필력을 버리세요. 잘 쓰겠다는 의지도 버리세요. 글쓰기에서 가장 중요한 건 당신이 외면해온 문제들입니다. 인생에서 당신을 계속 신경 쓰이게 만드는 손톱 거스러미 같은 불편한 문제를 들춰보세요. 해결하지 않고 내버려 둔 문제를 정면으로 응시하고 '만약에 이렇게 했더라면'이라고 가정합니다. 그리고 그것을 쓰세요. 멋 내려 하지 말고 과장하지 말고 고민의 실체가 담긴 상황을 사실적이고 구체적으로 쓰세요. 이렇게 문장을 한 줄 한 줄 밀고 나가다 보면 한편의 거친 초고가 완성될 겁니다. 방향 잡힌 초고가 나오면 고치고 또 고치는 일은 몸이 조금 고되기는 해도 어렵지는 않습니다.

인생이나 글이나 하나씩 풀면 풀린다

 쓰기와 인생은 한 몸입니다. 이걸 따로따로 생각하면 쓰기가 인생에, 반대로 인생이 쓰기에 잘 섞이지 않습니다. '문제에 솔직하라', '피하지 말라', '하나씩 풀어가라'는 명제는 글이나 인생에나 똑같이 적용됩니다. 이번 장에서는 완성을 향해 성실히 글을 쓰듯 살아가는 한 인물의 인생 여정을 소개하겠습니다. 자기 글을 쓰듯 인생의 주인공으로 살아가는 사람은 매 순간 자신을 자각하고 성장해 갑니다. 훗날 그의 여정을 그대로 지면에 옮기면 한 권의 훌륭한 책이 될 것입니다.

'신비'의 섬 제주에서 만난 사람

 태어나면서부터 자기 재능을 찾았다면 그건 한 인간으로서 누릴 수 있는 최고의 축복이 아닌가 싶습니다. 그는 초등학교에 들어가기 전부터 붓을 쥐고 놀았고 뭐가 되고 싶냐고 물으면 늘 화가라고 대답했습니다. 부모의 지지를 받지 못해 제대로 된 미술 교육 한번 받지 못한 그는 열여덟 살의 나이로 가출을 감행합니다. 그는 중국 국적의 조선족이었고 그가 향한 곳은 베이징이었습니다. 거대한 이 도시에 어쩌면 그의 작은 꿈 한 조각쯤은 비집고 들어갈 수 있으리라 생각했습니다.

 어디를 가나 학력이 우선인 사회에서 중졸자의 꿈은 무시되기 일쑤였고 적당히 이용당하고 냉정하게 버려졌습니다. 그는 상처 입은 고양이처럼 도망치듯 도시를 떠납니다. 하지만 완전히 주저앉은 건 아니었습니다. 길고양이 처지로 떠돌아도 난관을 피하지 않는 이상 사람은 반드시 길을 찾게 되어 있습니다. 그는 새로운 활로를 모색합니다.

고난에 굴복하지 않으면 고통은 오히려 삶을 전향적으로 바라보는 계기가 됩니다. 바로 인생의 변곡점입니다. 글감이 될 수 있는 중요한 사건입니다.

2019년 그는 한국행을 선택합니다. 행선지는 제주도였습니다. 가진 돈을 탈탈 털어 연고도 없는 곳에서 화실을 엽니다. 이 부분도 의미 있는 사건입니다. 중졸 학력을 가진 중국인이 한국에서 화실을 열었습니다. 결단에 이르기까지 나름의 깊은 고민이 있었음을 짐작할 수 있습니다. 월세 17만 원짜리 다가구 주택에 거주하면서 화실은 대담한 선택이었을 겁니다.

그는 어떻게든 인연을 만들어야 한다고 생각했습니다. 문제를 피하지 않으면 반드시 길은 보입니다. 사는 문제와 쓰는 문제는 이런 면에서 완전히 일치합니다. 그는 좋은 인연을 만날 자리가 있다면 서울과 제주를 가리지 않고 다녔습니다.

저와 인연이 닿은 것은 2021년입니다. 그는 개인 브랜드를 기획하는 '책과강연'에 큰 관심을 보였습니다. 하지만 화가인 그와 '책과강연' 사이에 접점이 보이지는 않았습니다. 그렇다고 컨설팅을 받을 금전적인 여력도 없었고요. 그런데요, 결국 사람이 하는 일은 틈이 있기 마련입니다. 어깨를 들이밀 조금의 틈을 만들어 내는 건 자기 노력 여하에 달려있습니다. 저는 그의 태도를 보고 일거리를 제안했습니다. 처음부터 다시 배워야겠지만 영상 제작을 맡아보겠냐고요. 그는 망설이지 않았습니다.

대신 '책과강연'은 그가 자기 브랜드를 만들어 시장에 안착하는 걸 돕기로 했습니다. 그의 인생은 굴곡의 연속입니다. 주인공의 삶이 힘들수록 읽는 이는 흥미롭습니다. 서사의 재미는 바로 극적인 업앤다운이니까요. 그의 이야기는 본류를 타고 이제 속도를 내기 시작합니다.

1년이 지난 지금 그는 영상 디렉터로서의 역할을 충실히 해내고 있습니다. PD라는 명함을 부여받았고 얼마 전부터는 자기 이름을 내건 영상 제작과 편집 수업을 시작해 작게나마 수익을 내기 시작했습니다.

하루는 그가 개인전을 열고 싶다고 제안합니다. 개인전에 들어갈 전 비용을 지원해달라는 겁니다. "제가 얻을 대가는요?"하고 물으니 그림 판매액의 30%를 수수료로 내겠다는 겁니다. 팔리지 않으면 손해는 온전히 저의 몫입니다. 중국에서 온 무명 화가의 개인전을 지원해줄 만큼 저는 셈에 어둡지 않습니다. 하지만 그렇게 하기로 했습니다. 왜 그랬을까요? 그에게 때로는 인생이 드라마보다 극적인 순간이 있다는 걸 경험하게 해주고 싶었거든요. 글을 쓰다 보면 저 또한 이러한 순간을 꿈꿀 때가 있습니다. 극적인 도전과 반전의 삶이 실제 현실에서도 일어난다는 걸 보여주고 싶었습니다. 생각해 보면 저 또한 누군가의 도움을 받았고 그 덕분에 인생의 전환을 경험했습니다.

그는 인생이라는 자기 글을 맹렬히 써가는 중입니다. 조금만 받쳐주면 그의 삶에 질 좋은 모터가 장착되리란 걸 알았기에 수락했습니다. 그런데 결과마저 아름답더군요. 그림 열다섯 점 가운데 무려 일곱 점이 팔렸고, 700만 원이라는 기대를 훌쩍 뛰어넘는 판매 수익을 올렸습니다.

그의 인생 첫 전시는 그림을 팔기 위한 자리가 아니라 이후 화가로서 살아가도 되는지에 대한 묵은 회의懷疑를 검증하는 시간이었습니다. 그리고 그는 자신의 목표를 달성했습니다. 저는 인생을 살아가는 그의 시선이 글을 밀고 가는 작가의 시선과 일치한다는 생각을 했습니다. 작가로서 글을 창작하듯 자기 인생을 창작하며 살아간다는 것을 피부로 느꼈습니다. 2022년 9월 16일 한남동에서 열린 첫 개인전 〈Black & White 백호展〉은 그의 인생에 새로운 물꼬를 트는 또 한 번의 전기를 마련합니다.

#끝은 새로운 이야기의 시작이다

 개인전이 그에게는 학력을 극복하는 경력이 되었습니다. 전시회 경력을 인정받아 국내 유명 화가의 조수로 전시 프로젝트에 참여하게 된 것입니다. 그림이라는 세계의 첫 제도권 진입입니다. 끝과 새로운 시작이 맞물려 이어지는 것은 글도 마찬가집니다. 글을 쓰다가 어느 지점에서 딱 막히면 문장을 거슬러 올라가 봅니다. 그러면 문장의 끝 그리고 시작되는 연결이 억지스럽고 문맥이 어색합니다. 끝과 시작의 연결이 자연스러울 때 글도 인생도 아름답습니다. 억지스럽지 않게 꾸밈없이 있는 그대로의 자신으로 사는 것이 최고의 인생, 최고의 글입니다.

프롤로그는 전부다

 프롤로그에는 무엇을 써야 하는지 묻는 분들이 있습니다. 프롤로그는 문학에서는 서문, 연극에서는 극에 앞서 내용을 설명하는 것을 말합니다. 프롤로그에서는 간단히 내가 이 글을 왜 썼는지, 어떤 내용으로 구성되었는지 짧고 분명하게 설명하면 됩니다. 사람들에게 프롤로그를 언제 쓰는지 물으면 가장 나중에 쓴다는 사람들이 대체로 많았고 아예 쓰지 않는다는 사람도 있었습니다.

 프롤로그는 가장 먼저 써야 하는 글입니다. 생각해 보면 지극히 당연한 이야기입니다. 집을 짓는다고 생각해 봅시다. 설계도 없이 집을 지을 수 있습니까? 프롤로그는 무엇을 쓰겠다는 확실한 자기 콘셉트를 독자에게 밝히는 설계도 같은 글입니다. 무엇을 쓸 것인가에 대한 밑그림 없이 무턱대고 쓰기부터 시작해서는 힘 있게 자기 생각을 끝까지 밀고 나갈 수 없습니다.

이 책의 프롤로그에 나오는 첫 문단을 다시 봅시다. **"지금부터 저는 다독에 환상을 가진 당신의 딱딱한 신념에 정면으로 부딪쳐보려 합니다. 성실히 책을 읽어온 당신의 노력이 어째서 깊은 시선으로 응축되지 못하고 가벼운 안개처럼 흩어지고 마는지 그 이유를 설명해 볼 것입니다."**

저는 독자가 책을 펼쳤을 때 처음 만나는 단 두 문장으로 이 책의 콘셉트를 각인시켜야겠다고 생각했습니다. 주장이 선명할수록 이 책에 동의하는 쪽과 불편한 쪽이 분명히 나뉩니다. 제가 생각한 독자층은 읽어서 불편할 다독 예찬론자 또는 출구 없이 다독의 강박에 시달려온 사람들입니다. 이 책의 콘셉트는 '읽기'의 본질적인 목적을 재확인하자는 것과 독서의 효과를 즉각적이고 구체적으로 체험할 수 있는 '쓰기 위한 읽기'의 방법론을 제시하자는 것입니다.

 콘셉트가 머릿속에 선명히 자리 잡으면 전개는 크게 흔들리지 않습니다. 글이 산으로 가는 이유는 쓰고자 하는 의도가 명확하지 않기 때문입니다. 프롤로그는 곧 콘셉트입니다. 이를 '기획 의도'라고 바꿔 불러도 틀리지 않습니다. 그러니 평소 어떤 글을 쓰든 어디서 발표를 하든 콘셉트를 분명히 하고 이를 명료한 자기 언어로 설명할 수 있다면 그것으로 이미 당신의 언어는 선명하고 아름답습니다.

목차는 거칠게

 프롤로그를 썼다면 이번에는 목차에 대해 생각해 봅시다. 책처럼 긴 호흡의 글을 쓸 때는 흐름을 잡아줄 목차를 세워 놓고 출발하는 것이 좋습니다. 그런데 실제 목차 작업은 만만치 않습니다. 목차를 어떻게 써야 할지 모르겠다며 목차를 생략하고 글쓰기를 시작해 버리는 사람들이 적지 않습니다. 이번 장에서는 좋은 목차를 잘 만드는 법을 알려드리겠습니다.

#목차, 처음에는 비어도 좋다.
 프롤로그는 콘셉트라고 했습니다. 콘셉트는 명확한 주제 의식입니다. 글쓰기의 첫머리가 완성되었으면 이제 목

차를 잡을 차례입니다. 목차를 잡기 전 이 사실을 전제합시다. 목차는 한 번에 완성할 수 없습니다. 책의 목차는 수십 차례 수정을 거쳐 최종적으로 완성됩니다. 이걸 처음부터 완성해놓고 글쓰기를 시작할 수는 없습니다. 본류의 중심 생각은 유지하되 지류의 내용은 얼마든지 바뀌거나 추가될 수 있습니다. 그러므로 목차는 프롤로그를 완성한 단계에서 당신이 전개할 수 있는 수준의 흐름이면 됩니다. 목차를 잘 쓰려는 욕심을 버리세요. 각 장이 분명히 구분되지 않아도 되고 장 아래 소주제들이 듬성듬성 비어도 상관없습니다. 그러니 현 단계에서 자신이 세울 수 있는 목차를 만듭니다.

#프롤로그 → 목차? → 글쓰기

목차는 프롤로그 바로 뒤에 붙입니다. 그리고 첫 번째 글쓰기를 시작합니다. 예를 들어 1장의 첫 번째 소주제를 쓴다면 '1-1. 제목'의 원고는 프롤로그와 목차 사이에 들어갑니다. 이해하셨나요? 목차 뒤가 아니라 프롤로그와 목차 사이에 끼워서 씁니다.

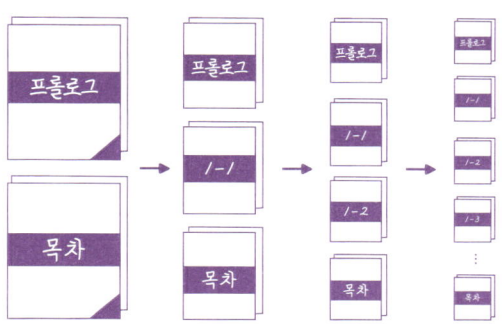

 글을 쓰기 위해 원고 파일을 열 때마다 프롤로그에서 드러나는 콘셉트를 확인하고 글을 쓰기 때문에 전개 방향이 크게 흔들릴 일이 없습니다. 뼈대만 잘 잡아도 글쓰기의 긴 여정은 대체로 순항합니다. 원고 한 꼭지를 완성했다면 바로 뒤에 붙은 목차를 확인합니다. 목차는 전개될 글의 방향이어서 목차를 수시로 확인하는 것은 주제의 일관성을 유지하는 데 도움이 됩니다. 프롤로그와 목차 사이에 새 원고가 추가될 때마다 목차는 계속 뒤로 물러납니다. 원고를 쓰는 과정에서 새롭게 추가되거나 수정이 필요한 목차는 그 즉시 고칩니다.

글의 가장 앞에서는 프롤로그(콘셉트)가 기준을 잡고 가장 뒤에서는 목차가 중심 뼈대 역할을 해서 일관된 메시지를 전달할 수 있도록 지탱합니다. 그렇게 해서 초고가 완성되고 나면 가장 뒤에 붙은 목차를 원고 가장 앞으로 옮깁니다. 마지막으로 세부 목차를 하나하나 짚어가며 순서대로 글의 내용을 설명해 봅니다. 막힘없이 한 권의 목차를 당신의 언어로 설명할 수 있다면 글은 애초 설정한 콘셉트대로 잘 정리된 것이라 볼 수 있습니다.

정리하겠습니다. 프롤로그는 콘셉트입니다. 목차는 중심 뼈대 역할을 합니다. 각 꼭지는 프롤로그와 목차 사이에 들어갑니다. 목차는 원고가 추가될 때마다 계속 뒤로 밀려가며 추가하거나 수정하기를 반복합니다. 처음부터 완성된 목차를 쓸 수는 없습니다. 목차는 거칠게 쓰고 섬세하게 다듬습니다. 목차 세우기에 자신감을 잃지 마세요.

쓸 게 없다는 말

 과연 쓸거리는 어디에 있는 걸까요? 쓰기는 문제로부터 출발한다고 했습니다. 그랬더니 문제는 어떻게 찾느냐 합니다. 저는 당신의 가슴을 움찔하게 한 짙은 감정, 짙은 기억을 더듬어보라고 했습니다.

 살면서 인상적인 인생의 한 장면은 누구에게나 있습니다. 인상적인 사진에는 세 가지 필요조건이 있습니다. 인물, 인물과 얽힌 사건 그리고 사건의 배경입니다. 흔히 인생을 굴곡지다 표현합니다. 인생은 직선이 아니라 굴곡으로 이루어집니다. 방향이 틀어지는 변곡점에는 반드시 사건이 존재합니다. 당신은 어느 시점에 일어난 어떤 사건을 통해 인생의 새로운 장으로 이동하게 됩니다. 그 순간을 한 장의 사진에 담아낸다 생각해 보세요. 사진 속에서 인물, 사건, 배경이 얽혀 하나의 서사를 만들어 내는 것이 맥락(콘텍스트)입니다. 글감은 맥락이 읽어내는 한 장의 인생샷입니다.

#자전거와 노인

여기 깡마른 노인이 찍힌 사진이 있습니다. 이 사진에서 느낀 바를 자유롭게 이야기해 보겠습니다.

〈자전거와 노인〉

"이른 아침, 4차선 도로를 가로지르는 건널목에 앙상한 노인이 낡은 자전거를 붙들고 서 있다. 자전거 앞에는 직사각형의 큰 철제 바구니가 달려있고 그 안에는 신문이 실려있다. 깡마른 체구, 백발의 짧은 머리, 초라한 행색, 삼선 슬리퍼 밖으로 비집고 나온 때 낀 발가락, 주위를 생각하지 않는 무심한 얼굴. 사진 속 노인에게서 읽을 수 있는 정보다. 이번에는 렌즈를 멀리해서 노인을 둘러싼 사진의 배경을 확대해 본다. 2018년 강남구 대치동, 재개발 지역, 길가에 늘어선 외제 차.

 나는 그의 삶을 상상해 보았다. 완고해 보이는 광대뼈와 홀쭉히 들어간 볼이 꽤 고집스럽고 깐깐해 보인다. 행색과 달리 어쩌면 자기 인생을 고집스럽게 살아온 사람일지 모른다. 수평선을 따라 낮게 뻗은 햇살에 광대의 윤곽이 더욱 깊고 진해 보인다. 삶의 숱한 이야기들이 겹겹이 쌓인 얼굴이다. 미간에서 콧잔등 아래로 떨어지는 가파르고 깊은 주름 골이 노인의 나이를 짐작하게 한다. 여든은 되어 보인다.

 바람이 불지 않는 건널목에 그는 정지된 화면처럼 멈춰 섰다. 노인의 가는 그림자가 세월의 길이만큼이나 길게 드리워져 있다. 2018년 강남구 대치동에서 신문을 실은 낡은 자전거를 볼 거라고는 생각지 못했다. 세상은 노인이 늙는 속도보다 빨라서 철제 바구니 속 신문은 곧 깨진 독처럼 비어갈 것이고 그러면 노인의 삶은 위태롭겠구나 싶었다. 신호등이 켜지자 건너편에서 노인이 자전거를 끌며 걸어온다. 스치며 나는 노인의 얼굴을 곁눈질했다. 노인의 시선은 무심한 듯 평온하다. 그가 사라지고도 마음이 불편하다. 왜일까."

  여기서 인물과 사건은 낡은 자전거에 신문을 실은 노인이고 배경은 2018년 대한민국 최고 부촌 중 한 곳인 강남구 대치동입니다. 대치동에서 신문 배달 자전거를 볼 거라고는 생각지 못했습니다. 대치동, 빌딩, 외제 차와 대비되는 신문 배달 자전거, 깡마른 노인의 모습은 저와 노인의 경계를 뚜렷하게 인식하게 합니다. 그에게서 가난을 보았고 가난은 슬픔이고 슬픔은 외면하고픈 고통이기 때문입니다. 건너편 그를 보는 저의 마음은 불편합니다. 간단히 그의 가난에 등을 돌릴 수도 있지만, 누구나 때가 되면 사회적 은퇴를 하고 노인이 됩니다. 타인의 삶이라고는 해도 가깝게는 당장 우리 부모들의 이야기이기도 합니다. 그러니 노인의 삶은 '나'라는 개인과 무관할 수 없고 그의 오늘이 어쩌면 누군가의 내일과 겹칠 수 있어서 자꾸만 눈길이 가는 것입니다. 그의 이야기가 내 삶에 공명할 때 그것을 공감이라고 합니다. 한 장의 사진이지만 그에게서 당신에게로 이어지는 서사가 있다면 그것은 인상적인 쓸거리가 될 수 있습니다.

#밥은 밥공기에 반찬은 예쁜 찬 그릇에

인상적인 사진을 설명하면서 필요조건 중 하나를 '사건'이라고 하니 충격적인 무언가를 생각하는데, '사건'은 일상에 무뎌진 자의식이 어떤 자극으로 현실에서 각성하는 순간을 말합니다. 일상에 자극이 반복되면 몸과 정신은 순응하게 되고 반응이 서서히 사라집니다. 반응이 무뎌졌다고 해서 자극이 없는 게 아닙니다. '나는 괜찮다'라고 묻어온 무반응 속 자신의 진실을 확인하기 위해 글쓰기를 합니다.

이번에는 매우 일상적인 사건이지만 생각할 거리를 던져주는 일화를 소개해 보겠습니다.

〈밥은 밥공기에 반찬은 예쁜 찬 그릇에〉
"퇴근이 늦어지면 제때 밥을 먹지 못한다. 애도 아니고 손이 없는 것도 아니고 늦더라도 알아서 챙겨 먹으면 그만이다. 그러나 가끔 밥을 거르고 싶은 마음이 들 때가 있다. 먹기 위해서 먹어야 하는 밥이 그렇다. 우선 밥을 먹으려면 늦은 밤, 식탁 위에 어지럽게 쌓인 물건들을 한쪽으로 밀어 찬을 낼 자리를 마련해야 한다. 그런 다음 냉장고를 열고 김치와 마른반찬을 꺼내 뚜껑을 연 채로 식탁 위에 올리고 밥솥에 남은 밥을 긁어서 뜬다. 옷 갈아입을까, 손 씻고 올까, 잠시 잠깐의 고민은 식탁을 차리는 동안 왔다가 의자를 빼 앉는 순간 사라진다. 김치가 입안에서 우두둑 씹히는 소리가 턱뼈를 타고 귓전을 울린다. 늦은 밤엔 유독 그 소리가 크다. 세상 모든 소리가 소거된 시간, 김치 씹히는 소리는 적막해진 밤 앞에 날 홀로 마주 세운다.

밥은 밥공기에 반찬은 예쁜 찬 그릇에 담겼으면 좋겠다는 부탁을 가끔 한다. 어지러운 식탁을 말끔히 치우고 그 위에 어여쁜 그릇을 그림같이 올려두면 혼자 먹는 밤의 쓸쓸함도 견딜 만하다. 먹고사는 게 별거냐고 유난스럽다고 할 수도 있다. 그러나 별것 아닌 그것이 중요한 사람도 있다. 살기 위해서 밥을 먹는다지만 그렇다고 아무렇게나 먹으려고 사는 건 아니니까.

혼자 먹는 밥상일수록 예뻤으면 좋겠다."

읽고 보면 '그러네'하는 생각이 듭니다. 반복되는 일상이지만 무뎌지면 알아차릴 수 없는 당신의 감정입니다. 이 글 역시 마찬가지입니다. 개인의 이야기지만 동시에 모두의 이야기로 확대될 수 있는 지극히 일상적인 소재입니다. 여기서 인물은 저 자신입니다. 사건은 늦은 밤 혼밥입니다. 배경은 모두가 잠든 늦은 밤입니다. 사진을 찍듯 머릿속으로 그려본 이 사진을 통해서 '먹고산다'는 말 그대로의 의미를 다시 생각해 보았습니다.

 늦은 밤 혼밥은 일상입니다. 익숙한 것은 의식하지 못합니다. 의식하지 못하는 무심함에 송곳 같은 펜을 들이댑니다. 그러면서 두드려왔지만 듣지 못한 노크에 귀를 기울입니다. 무심함에 인식이 닿으면 보이지 않던 것들이 보이기 시작합니다.

#인물, '사유', 배경

 이번에는 사건이 등장하지 않는 대신 그 자리에 사유를 넣은 글쓰기에 관해 이야기해 봅시다. 길을 걸으면서도, 산을 오르면서도, 가만히 앉아 지는 노을을 바라보면서도 당신은 사유할 수 있습니다. 사유란 **'자기만의 생각을 만들어가는 생각'**입니다. 타인의 생각을 빌리거나 의지하지 않고 자기만의 생각으로 사물과 현상을 이해하려는 노력입니다. 사유의 힘이 강해지면 자기만의 시선을 갖게 됩니다.

〈꽃을 버리려다〉

"나는 꽃이 어째서 사람에게 기쁨인지 잘 알지 못했다. 가끔 선물로 들어온 꽃은 예의상 꽂아두긴 하지만 검게 말라 바스러지기 전까지 까맣게 잊어버리고는 했다. 꽃은 나에게 일상에서 대놓고 무시해도 좋을 정도로 존재감 없는 사물화된 생명이었다.

어제 싱크대에 버려진 꽃을 보았다. 검게 시든 꽃잎이 여기저기 힘없이 떨어져 있었다. 줄기 몇 대는 아직 꼿꼿했고 완전히 시들지 않은 그 줄기에 꽃 몇 송이가 달려있었다. 생각 없이 움켜쥐고 꺾으려는데 손끝에 팽팽한 줄기의 저항이 느껴져 섬뜩했다. 뭐랄까, 아직 살아있다는 그래서 더 살아야겠다는 긴장감 같은 것이었다. 무시하고 꺾어 버리면 그만인데 나는 버려진 꽃에서 눈을 떼지 못했다. 어쩐 일인지 관상용 꽃을 아프게 바라보고 있다는 이 감각이 무척 낯설었다.

결국 시든 꽃을 꺼내 물을 채운 화병에 다시 꽂았다. 위태롭게 매달려 있었지만 꽃 몇 송이는 분명 살아있었다. 꽃의 아름다움은 생존을 위한 치열한 자기 진화라는 걸 알면서도 이를 가슴으로 공감한 적은 없었다. 꽃은 단지 꽃이었고 나는 나였을 뿐이었다.

어째서 이런 생각이 든 것인지 모르겠다. 꺾어서 버리려던 꽃이 갑자기 달리 보였다는 것, 시든 꽃을 마주하면서 지금 내가 미세한 통증을 느끼고 있다는 것만은 분명했다.

뿌리가 잘려나간 꽃은 심장을 잃은 것이다. 씨앗 한 톨의 순탄치 않은 생명의 여정까지 굳이 들추지 않더라도 나는 뿌리가 잘린 채 덩그러니 꽂힌 꽃에서 저릿한 아픔을 느끼고 있었다.

사육된 꽃이라 해서 꽃은 스스로 생을 포기하지 않는다. 책상 위의 꽃은 뿌리 없이도 자기 존재를 모조리 소진하는 그날까지 어떻게든 살아보려 물을 빨아들인다. 벌과 나비가 날아들 수 없는 외로운 방안에서 꽃은 사력을 다해 살다 죽어갈 것이다. 그게 꽃이고 생명이 전하는 존재의 아름다움이라는 것을 꽃을 바라보며 나는 느끼고 있었다.

일주일간 나는 책상 위에서 말라가는 꽃을 지켜보았다. 사물화된 생명이 아닌 생명 그대로의 생명으로 바라보려고 했다. 얼마 후 꽃은 말라 죽었다. 움켜쥐자 먼지처럼 바스러졌다.

사육된 꽃, 납치당한 꽃을 아름답다 대놓고 말하는 건 염치없지 않나. 한동안 나는 길가의 풀꽃조차 모르고 밟을세라 조심조심하였다."

이처럼 사건이 아니더라도 사유할 거리는 얼마든지 있습니다. 보이지 않는 것을 보고, 느끼지 못한 것을 느껴보려는 시선이 사물과 현상에 미치는 당신의 인식을 넓힙니다.

#정리

(1) 쓰기는 문제로부터 출발한다고 했습니다. 문제가 일어난 좌표는 인생에서 예상치 못하게 일어난 충돌 지점입니다. 길거리에서 '쾅'하는 충돌음이 들리면 동시에 시선은 소리가 난 방향을 향합니다. 충돌이 클수록 사건은 오래도록 뇌리에 남습니다. 인생은 사건의 연속입니다. 살면서 누군가를 만나고 예상치 못한 타인의 삶과 합류했다 결별하기를 반복하면서 인생은 변화무쌍하게 흘러갑니다. 그 굴곡마다 당신은 선명한 장면이 담긴 사진을 남깁니다. 긴 글쓰기를 할 때는 삶의 맥락이 읽히는 인상적인 사진 40장을 추려보라고 합니다. 인생의 굴곡을 찾아 결정적인 한 장면을 글감으로 채택하는 겁니다.

(2) 사건이 엄청난 무엇이어야만 글감이 되는 것은 아닙니다. 반복되는 일상 가운데, 괜찮다고 묻어온 무반응 속 진실을 확인할 때 글감을 찾을 수 있습니다.

(3) 사건의 자리에 '사유'를 집어넣어도 글감을 찾을 수 있습니다. 산을 오르면서, 길을 걸으면서, 밥을 먹으면서, 음악을 들으면서, 꽃을 보면서 보이는 대로 생각하지 않고 보이는 것 너머의 것을 보려고 시도할 때 당신의 시야에 들어오는 세계는 새롭습니다.

은유

  은유metaphor는 생각보다 가까이에 있습니다. 당신의 말이 타인의 눈동자를 반짝이게 만드는 순간이 은유입니다. 저는 글을 쓰지만 동시에 독자이기도 합니다. 좋은 책을 쓴 작가를 만나는 일은 누구나 그렇듯 설렙니다. 책을 들고 작가에게 사인을 청할 때 당신은 뭐라고 말하나요? 보통은 이렇게 말하죠. "사인 부탁합니다."

  영화 〈일 포스티노〉에서는 사인을 청하는 이의 기가 막힌 은유가 등장합니다. 주인공 마리오가 시인 네루다에게 사인을 고민하다 부탁하는 말입니다. "이 책을 특별하게 만들어주시겠습니까?" 아름다운 문장입니다.

은유의 '은'은 '숨기다', '감추다'의 의미입니다. 은유는 직접 드러내지 않으면서 문장에 담긴 숨은 의미의 본질을 느끼도록 만들지요.

은유의 순간은 삶의 주변에서, 당신의 행동과 말에서, 시에서 소설에서 발견할 수 있습니다. 한 친구가 "너는 이 시골 바다가 왜 좋은 건데?"하고 묻습니다. 침묵하던 그의 입은 세 글자로 된 한 여인의 이름을 말합니다. 그뿐입니다. 이 역시 은유입니다.

은유는 삶과 죽음이 예정된 생명입니다. 은유는 끊임없이 죽고 다시 태어납니다. '내 마음은 호수'라는 은유는 더는 우리 마음에 감동을 주지 못합니다. 죽은 은유는 가고 살아있는 은유가 저마다의 손끝에서 태어나 삶의 역동성을 이어갑니다. 최근에 가장 마음을 설레게 했던 문장은 '잔나비'의 노랫말입니다. "나는 읽기 쉬운 마음이야 당신도 쓱 훑고 가셔요." 듣는 순간 '이건 시다!'하는 생각이 들

만큼 마음이 뚝 떨어지게 한 문장입니다. 은유는 영화에서도 자주 보입니다. 해리포터가 호그와트 마법학교로 가기 위해 킹스크로스역 9와 4분의 3 플랫폼의 벽을 통과하는 장면입니다. 현실에서는 존재할 수 없는 문입니다. 이 문이 열리자 현실은 마법의 세계로 이어집니다. 책을 읽다가 은유의 문장을 마주할 때면 지금껏 알지 못한 다른 차원의 세계를 느낍니다. 해리포터가 벽을 뚫고 호그와트 마법학교행 기차를 탔던 것처럼 말입니다.

#삶에 가까운 은유

은유는 어렵지 않습니다. 삶의 곳곳에 은유가 있으니까요. 영화 〈기생충〉을 보면 한국 사람에게는 익숙한 하층민의 반지하와 집주인의 눈을 피해 숨어든 지하 공간이 영화 전체의 정서를 지배합니다. 예상치 못한 주인 가족의 귀가로 은밀히 몸을 빼서 달아나던 날, 쏟아지는 장대비를 피해 하층민의 마을로 내려가는 계단과 터널 또한 이들의 삶을 드러내는 은유였습니다.

글쓰기 모임이 있을 때면 사물을 은유하여 자신을 소개하도록 합니다. 보이는 대로 소지품을 모은 다음 각자 하나씩 선택합니다. 평소의 자기소개와 다른 방식에 당황하는 듯하지만 막상 이야기를 시작하면 저마다 사물을 통찰하는 인식이 얕지 않음을 알게 됩니다. 발라보지 못한 붉은 립스틱은 '버리지 못한 채 묻어둔 자신의 과거'로 은유되었고, 굴러다니는 노랑 고무줄은 본래의 탄성을 잃는 일 없이 옷, 머리, 물건을 엮는 '유연한 지조'로 은유되기도 했습니다. 립스틱, 고무줄을 사물이 아니라 존재로서 바라보는 눈이 생긴 겁니다. 립스틱은 덮어놓은 자기였고, 고무줄은 올곧지 않기에 훼손당할 수 없는 존재였습니다.

#너는 나의 세계

사랑한다는 건 그를 알고 싶은 마음보다 내 마음을 그가 알았으면 하는 마음이 더 큰 감정의 상태인 것 같습니다. 사모하는 이가 생기면 '나의 세계'를 활짝 열어 그에게 보여주고 싶어집니다. 정지용의 시 〈호수〉를 보면 꼭 그렇습니다. "얼굴 하나야 손바닥 둘로 폭 가리지만, 보고픈 마음 호수만 하니 눈 감을 밖에."

 감정이 생기면 사람은 표현하고 싶어집니다. 내가 당신을 얼마만큼 사랑하는지 고치고 또 고친 한밤의 문장은 은유로 가득합니다. 말이 없던 시절에는 돌의 감촉으로라도 애타는 마음을 전했습니다. 연인을 대하듯 세상을 바라보면 당신의 눈에 들어온 사랑스러운 그것은 모두 은유가 됩니다. 하늘과 바람과 별은 시가 됩니다.

 무엇을 쓸 것인가를 이야기하다 은유로까지 흘러왔습니다. 은유는 시에만 쓰이는 게 아닙니다. "마음껏 널브러져도 좋은, 실컷 뒹굴거려도 좋은, **좋은 밤을 입다.** 모든 밤이 좋은 밤이 될 수 있도록. 오버나이트" **"사랑은 언제나 목마르다. 이프로 부족할 때"** 처럼 광고에 들어가는 카피 글쓰기도 은유입니다. 건축 역시 은유와 상징의 결과물입니다. 오늘 아침 아이의 활짝 핀 미소에서 천사의 날갯짓을 보았다면 이 역시 당신의 삶이 은유되고 있다는 증거입니다. 은유를 알아차리고 지면 위로 옮겨 오면 당신의 이야기에 파란불이 들어옵니다. 잊지 마세요. 당신도 은유할 수 있습니다.

정리

제 책상을 묘사하며 시작한 4장은 꽤 긴 여정이었습니다. '쓰기에 대하여'라고 주제를 잡다 보니 주제의 진폭이 생각보다 넓어졌습니다. 한 꼭지를 빌어 4장 중 일부를 짧게 정리하고 넘어갈까 합니다.

(1) 노트북, 태블릿 그리고 책 : '쓰기 위한 읽기'는 목적이 분명한 글쓰기입니다. 글을 쓰다 보면 반드시 막히는 지점이 있고 그럴 때 엉덩이로 글을 쓴답시고 재능을 탓하며 괴로워만 할 게 아니라 즉시 인식을 전환해야 합니다. 당신이 해결할 수 없는 문제는 타인의 지식과 경험을 빌려오면 됩니다. 그래서 책상 풍경이 중요합니다. 책상 중앙에는 쓰

기를 위한 노트북, 좌·우측에는 언제든 찾아볼 수 있게 전자책 리더기(태블릿이면 됩니다)와 종이책을 놓습니다.

　재능 없음을 괴로워할 시간이 있으면 문제를 쥔 채 느낌표를 찾아 자료를 탐색해 나가는 편이 당신에게 훨씬 도움이 됩니다. 전자책을 강조하면 익숙하지 않다는 취향의 견해와 종종 부딪히는데요, 전자책은 이제 선택이 아니라 가능한 빨리 익숙해져야 할 미디어의 영역으로 들어왔음을 인정해야 합니다. 도서관을 통째로 넣어서 다닐 수 있고, 어디서든 읽을 수 있으며, 추가 비용 없이 무제한 읽기도 가능한 전자책이야말로 쓰기를 위한 읽기의 최적화된 무기니까요.

　(2) 읽고, 밑줄 치고, 옮겨 적고, 덧붙인다 : 책에서 자료를 찾다가 밑줄 친 문장은 바로 노트북으로 옮깁니다. 이것을 저는 '문장수집'이라고 합니다. 시선을 멈추게 하는 문장은 문제 해결의 실마리가 될 수 있습니다. 일단 문장을 옮

졌다면 차분히 문장이 걸어오는 말을 들어봐야 합니다. 이때 원래 문장에서 떠오른 새로운 생각이 있으면 문장 아래 파란색 글씨로 적어둡니다. 파일에 차곡차곡 쌓인 문장들은 주기적으로 꺼내서 읽어보고 그때마다 드는 생각을 덧붙여가며 추상적이었던 인식의 외형을 구체화합니다.

(3) 글쓰기에 필력은 필요 없다 : 재능에 의지한 글쓰기는 성공할 수 없습니다. 글을 쓰는 이유는 가까이 자기를 알고 멀리 세계를 이해하고자 하는 인간의 욕구 때문입니다. 큰일을 하기 위해서 작은 일부터 시작해야 하고 멀리 가기 위해서는 가까운 곳부터 걸음을 옮겨야 하는 게 삶의 이치입니다.

고민 없이 기교와 재능에만 의지한 글쓰기는 길게 봤을 때 더 높은 차원의 시각을 기대하기 어렵습니다. 사람이 나이를 먹듯 글도 거듭할수록 깊어져야 합니다. 당신 삶에서 출발한 글이 차츰 밖으로 외연을 넓혀나갈 때 글의 힘은 까마득한 지면을 자신 있게 밀고 가게 될 것입니다.

(4) 프롤로그와 목차: 프롤로그는 첫 번째로 써야 할 글입니다. 프롤로그는 '무엇을 쓰겠다'는 확실한 자기 글의 콘셉트를 밝히는 글입니다. 콘셉트가 분명해지면 목차를 세워봅니다. 이때 목차를 완벽하게 만들 것이라는 생각을 비우는 게 좋습니다. 목차는 초고를 끝마치는 순간까지 수정될 것이기 때문입니다. 우선 징검다리를 놓듯 글을 시작해서 이야기가 건너갈 정도면 됩니다. 맥락에서 벗어나지만 않는다면 부분적인 수정은 쓰기와 병행해가면서 충분히 보완해 나갈 수 있습니다.

(5) 세상이 글감이다 : 글 몇 편을 쓰고 나면 더 쓸거리가 없다며 괴로움을 호소합니다. 이때 스스로 자책하며 재능 없음을 탓하는 데 이것은 자신에 대한 오해입니다. 글감은 재능에서 나오는 게 아니라, 생각의 방향에서 나오기 때문입니다. '나'를 인식하는 방향이 늘 한 방향이니 보이는 풍

경이 전부라고 착각할 수밖에요. 글감의 출발은 나와 나의 문제, 나와 세상의 문제, 나와 너로 이어지는 우리들의 문제 안에서 얼마든지 찾을 수 있습니다. 당신이 겪어온 삶의 문제들을 하나씩 되짚어보고 그 장면을 한 장의 사진으로 인화하여 사건 속으로 돌아갈 때 이야기는 당신의 손끝에서 다시 피어납니다.

고민 없이 기교와 재능에만 의지한
글쓰기는 오래가지 못합니다.
좋은 글은, 쓰는 시간보다 행간에 머무는 시간이
훨씬 길어질 때 만들어지기 때문입니다.

쓰기 위한 읽기는

이렇게 합니다

Part. 5

전체를 읽지 않는다
전자책 독서노트
잘 읽으면 좋은 카피는 저절로
창조성의 원리
문제로부터 답을 찾는 '읽기의 힘'
쓸 때도 읽는다
읽지 못하면 잃는다
읽고, 쓰고, 증명한다

전체를 읽지 않는다

'쓰기를 위한 읽기'는 무엇을 쓸 것인지를 알고 출발하는, 목표가 명확한 글쓰기이므로 글을 쓰는 동안 어떤 분야의 책을 참고해야 할지도 자기 주관으로 판단할 수 있습니다. 쓰기에 필요한 책은 책장에 꽂고 읽지 않을 책은 눈에 보이지 않게 정리합니다. 글은 최대한 자신의 인식을 기반으로 쓰되 경험 밖의 생각은 적극적으로 책을 찾아가며 사유의 길을 연결해 나갑니다.

#필요한 책을 효과적으로 고르는 방법

필요한 책만 딱딱 골라 담는 방법이 뭐냐고 묻습니다. 단골 질문입니다. 저는 종이책보다 전자책 읽는 비중이 더 높습니다. 전자책은 매달 자동결제하고 무제한 내려 볼 수 있는 방식이 있고(밀리의 서재), 책마다 따로 구매한 뒤 전자책 플랫폼에 저장하는 방식이 있습니다(예스24 eBook, 교보문고). 쓰기를 위한 읽기에 필요한 책은 몇 권이라고 정해진 게 아니어서 매번 책을 사려면 부담스럽습니다. 저는 밀리의 서재를 중심으로 책을 찾고 거기에 올라와 있지 않은 책은 예스24 eBook에서 찾아 권별로 삽니다. 예스24 eBook이나 교보문고에도 없다면 그때 종이책을 삽니다.

당신이 쓰고자 하는 주제가 최신 경향을 반영하는 이야기가 아니라면 신간보다는 꾸준히 독자의 관심을 받아온 스테디셀러를 중심으로 찾는 게 좋습니다. 스테디셀러라 해도 블로그나 곁가지 정보를 통해 당신에게 필요한 내용을 담고 있는 책인지 확인해가며 책을 담으세요. 좋은 책은 꼭 집어서 찾고 나쁜 책은 미리 피해 가는 것이 중요합니다. 스테디셀러는 여러 독자에게 검증된 책이니만큼 신간보다 실패할 확률이 낮습니다. 실패하지 않는 만큼 시간을 아끼는 것입니다. 전자책 안에는 이용자의 편리를 위해 책장이 따로 마련되어 있습니다. 여기에 분야별로 원하는 책을 담아서 보관할 수 있습니다. 책 주제가 정해지면 스테디셀러를 중심으로 책장을 채웁니다.

#전체를 읽지 않는다.

이렇게 찾은 책들은 필요할 때마다 찾아 읽습니다. 단 책을 읽을 때는 정독하지 않습니다. 서평이라면 제대로 읽고 써야겠지만 '쓰기 위한 읽기'는 필요한 부분만 발췌해서 읽는 것이므로 문제 해결의 실마리가 될 부분만 집중적으로 읽습니다.

[쓰기 위한 '전자책' 읽는 방법]

(1) 키워드 중심으로 연관문장 찾아 읽기 : 전자책을 참고할 때는 '키워드' 중심으로 연관문장을 검색합니다. 전자책에는 키워드 검색 기능이 있어서 찾고자 하는 단어를 입력하면 해당 단어가 포함된 모든 문장을 자동 나열해줍

니다. 그러면 눈으로 빠르게 훑어가며 자신에게 필요한 문장을 찾아냅니다. 딱 떨어지는 답이 없어도 문제로 접근할 수 있는 통찰과 표현을 담은 문장을 찾게 되면 즉시 원고로 옮깁니다. 타인의 생각을 빌려 낯선 사유의 기회를 얻는 것입니다.

 예를 들면 '쓰기 위한 읽기'를 피부에 와닿게 설명하고 싶은데 제가 가진 언어로는 표현의 한계를 느낄 때 저는 생각합니다. '쓰기는 생각으로 쌓는 건축이고 읽기는 그 생각의 재료가 된다.' 문장에 별 감흥이 없습니다. 이 말을 달리 표현할 수는 없을까 생각해 봅니다. 추상적인 개념 '사랑'을 글감으로 읽기와 쓰기를 참신하게 표현할 수는 없을까? 멍하니 생각만 가지고는 문제를 풀 수 없습니다. 천장만 쳐다보며 시간을 허비할 바에는 키워드를 넣어보며 부지런히 검색하는 게 남는 장사입니다. '사랑'을 키워드로 문장 검색을 해 봐야겠습니다.
 먼저 참고할 만한 책을 골라봅시다. 저는 이 책을 쓰기 위해서 전자책의 책장 카테고리를 '자기계발' '에세이' '인문'으로 구분해 두었습니다. 그중 '사랑'과 관련 있는 문장을 찾기 위해서 에세이 혹은 인문 분야의 책을 검색해 봅니다. 전자책을 훑으며 내려오다 시선을 멈추게 한 책이 있습니다. 헬렌 켈러가 쓴 《사흘만 볼 수 있다면》입니다. 이 책은 문장이 빼어나게 아름다운 데다 언어의 한계를 뛰어넘은 인물에 관한 이야기여서 피부에 와닿는 사랑의 은유를 확인할 대목이 있을 것 같습니다. 다음은 키워드 검색으로 본문에서 찾은 문장입니다.

구름이 잔뜩 끼어 하루 종일 흐린 날씨였다. 한차례 소나기가 지나가자 언제 그랬냐는 듯 남부 특유의 찬란한 태양이 모습을 드러냈다. 나는 물었다. "선생님, 사랑은 이런 건가요?" "그래 맞아. 사랑은 햇살이 비치기 전 끼어 있던 구름 같은 거란다."(중략) "헬렌, 너도 알겠지만 우리는 구름을 만질 수 없단다. 그러나 비를 만질 수는 있지. 한낮의 무더위에 시달려 목마른 대지와 꽃이 단비를 받아 마시고 얼마나 좋아하는지 너도 잘 알잖니? 사랑도 꼭 그렇단다. 손에 잡히지는 않지만 느낄 수 있지. 사랑이 없다면 행복하지도 뭘 하고 싶지도 않을 거야."

《사흘만 볼 수 있다면》 - 중에서

 이 문장을 읽었을 때 제 안에 진한 울림이 있었습니다. 저는 이 대목을 문장수집 파일에 옮겨 놓고 헬렌 켈러와 선생님의 대화를 응시합니다. 머릿속을 어지럽게 유영하는 감정들이 가라앉아 제자리를 잡고 나면 서서히 인식의 범위 안으로 정리된 문장이 모습을 드러냅니다. 다음은 이 글을 읽고 떠오른 생각을 정리해본 글입니다.

(생각 정리 문장)
 헬렌에게 비는 만져지는 사랑으로 읽힌다. 헬렌은 사랑을 언어로 배우기 이전에 눈과 귀를 대신한 섬세한 감각으로 배웠다. 타는 갈증을 그치게 하는 비는 만질 수 있고 이를 통해 사랑이라는 관념의 실체를 선명하게 인식할 수 있었다. 쓰기도 그렇다. 읽기로 부풀어 오른 충만한 영혼에 개념이라는 형식의 옷을 입혀 추상을 구체로 인식할 수 있는 현실을 드러낸다. 비가 없다면 사랑을 알지 못하는 것처럼 글이 없다면 의미는 잡히지 않는 안개일 뿐이다. 쓴다는 것은 의미를 알기 위함이다. 가깝게는 내 발밑의, 멀리는 당신과 이 세계의. 사랑이 구름을 비로 내리는 일, 그것이 쓰기가 아닐까.

　헬렌과 설리반 선생님의 대화를 읽지 않았다면 저의 생각은 가지를 뻗지 못했습니다. 뿌리가 되는 생각이 있을 때 줄기와 가지가 자랍니다. 이처럼 문제와 해결의 두 지점 사이에 존재하는 것이 있습니다. 바로 '생산적인 고민'입니다. 생산적인 고민이 곧 창의입니다. 헬렌에게서 '사랑은 구름을 비로 내리는 것'이 쓰기라는 결론에 이른 것처럼 말입니다.

(2) 목차에서 연관주제 유추하여 아이디어 얻기 : 문제를 풀겠다고 무턱대고 이 책 저 책 읽어서도 안 되고 적당한 책을 찾았다면 우선 전체 목차 가운데 문제와 관련 있는 목차부터 찾습니다. 그런 다음 해당 목차의 본문만 읽습니다. 여기서부터는 키워드로 문장을 검색해서 읽을 때와 같습니다. 세부 목차는 분량이 많지 않으니 자신에게 적확한 한 문장을 찾겠다는 생각으로 집중해서 읽습니다. 핵심 문장을 찾았으면 문장수집을 합니다. 이후는 위와 같은 방식으로 책의 문장을 자기만의 문장으로 재해석해 봅니다.

#독서가 아니다, 쓰기를 위한 '읽기'다

거듭 강조하지만 절대 책 전체를 읽으려 하지 마세요. 독서가 아닙니다. 문제에 맞는 해답을 찾기 위해서 맞춤 읽기를 합니다. 막힌 문장이 뚫리면 책을 덮고 다시 쓰기로 나아갑니다. 타자의 생각을 읽기만 하는 것보다 자기 생각을 스스로 만들어가는 일이 훨씬 창의적입니다.

손이 베일 정도로 날카로워야 칼입니다. 생각을 예리하게 다듬는다는 표현으로 '갈고 닦는다'라고 하지 않습니까. 생각을 연마하기 위해서는 생각이라는 무기를 직접 써보고 휘두를 줄 알아야 자신만의 무기가 됩니다. 문제와 해결이라는 두 지점을 잇기 위한 고군분투가 변화성장하는 당신을 만듭니다.

전자책 독서노트

저는 전자책 예찬론자입니다. 종이책의 아날로그적 감성을 전자책이 따라갈 수는 없지만, 평소 쓰기와 읽기를 직업으로 하는 저로서는 전자책만의 강력한 장점이 종이책의 장점을 상쇄하고도 남을 정도라고 생각합니다.

전에는 전자책 전용 리더기를 따로 썼지만 지금은 태블릿에 앱만 설치하면 간단히 이용할 수 있어서 전자책 쓰기가 훨씬 편해졌습니다. 개인적 견해입니다만 저는 전자책 최고의 기능이 '독서노트' 기능이라고 생각합니다. 읽기에 치중한 독자라면 이 기능에 별 관심이 없을 수 있겠지만 '쓰기 위한 읽기'를 하는 저 같은 사람에게 전자책에 내장된 독서노트는 보물창고나 마찬가지입니다. 이번 장에서는 독서노트 활용법을 말씀드리겠습니다.

#밑줄 치고 메모하기

전자책을 읽다가 중요한 문장에 밑줄을 그으면 자동 저장됩니다. 밑줄 그은 문장에는 그때그때 떠오른 생각을 놓치지 않고 메모해 둘 수 있고 언제든 책을 펼치면 그 기록을 찾아볼 수 있습니다. 책을 읽다가 멈칫하게 되는 문장이 있다면 순간 떠오르는 생각을 놓치지 말아야 합니다. 이럴 때 바로 메모할 수 있다는 것은 큰 장점입니다. (※참고로 전자책 독서노트에 메모한 것은 수시로 노트북 문장수집 파일에 옮겨둡니다.)

예를 들어보죠.

쇼펜하우어는 '다독'을 가리켜 "인간의 정신을 빼앗는 일종의 자해"라고 혹평했다. 과독으로 뇌 주름에 켜켜이 때가 끼었다면 과감히 책을 덮으라. 산책이나 운동, 텃밭 가꾸기 등 몸을 사용하라. 정신에 낀 때에 육체 활동만큼 잘 듣는 이태리타월도 없다.

— 박총의 《읽기의 말들》 중에서

[전자책 메모]

 많이 읽음의 대명사 '다독'을 사람들은 좋게 생각한다. 그런데 책의 저자는 '다독'의 많음을 과함의 '과'로, '읽다'의 독을 음이 같은 '독毒, poison'으로 바꿔 '과독'이라 했다. 지나쳐서 독이 됐다는 말이다. 의미로 따져볼 때 다독의 반대말은 소독이다. 하지만 저자는 다독을 과독으로 해석했고 인식을 따라가다 보니 이제 다독의 반대말을 해독解毒으로도 이해할 수 있게 됐다. 재미있다. 해독은 독을 제거한다는 뜻의 해독뿐만 아니라 뜻을 풀어 읽어낸다는 의미의 해독解讀도 있다. 다독의 '독'毒은 천천히 의미를 곱씹으며 풀어 읽는 '해독'이 명약인 것이다.

 메모를 하다 보면 원래 문장보다 더 길어질 때가 많습니다. 위의 문장에서 주목했던 키워드는 '과독'이었습니다.

글을 읽는 순간 정리되지 않은 생각들이 연기처럼 피어오르면 바로 메모해두어야 합니다. 그래야 놓치지 않습니다. 메모할 때는 무엇을 어떻게 쓰겠다는 식으로 생각하지 않습니다. 떠오른 단어나 문장부터 쓰기 시작해서 생각을 인과적으로 확장해 나갑니다. 이런 식으로 메모하는 습관을 들이면 나중에 글을 쓸 때 매우 쓸만한 글감이 됩니다. 사례를 두 가지만 더 보겠습니다.

두리 아빠의 고통이 산후 우울증이 아니라면 어떤 병명을 붙여야 하는 걸까. 나는 질문 자체가 잘못됐다고 생각한다. 두리 아빠의 우울은 병이 아니다. 그냥 우리 삶의 한 조각이다.

— 정혜신의 《당신이 옳다》 중에서

[전자책 메모]

저자는 우울을 병으로 인식하지 않고 누구에게나 일어날 수 있는 일로 독자의 인식을 전환시킨다. 어쩌면 우울증 진단을 너무 쉽게 남발하고 병명을 붙임으로써 우울증이 빠르게 퍼지는 것일지도 모른다. 실제 우울증을 겪는 사람을 만나 보면 '우울증을 겪고 있습니다'라는 말에서 종종 묘한 뉘앙스를 느낀다. 우울증을 앞세워 현재를 합리화하고 자신에게 유리한 환경을 설정할 수 있다면 그에게 우울증은 목표를 달성하기 위한 수단일 수 있다. 프로이트가 주장한 '트라우마'에 대해 아들러는 과거 특정한 한 사건만을 선택해 현재의 자신을 합리화하려는 매우 저렴한 시도라고 지적한 바 있다. 우울증에도 그런 맥락이 존재한다.

본문에서 저자가 말하고자 한 우울은 병이 아니라 가볍게는 누구나 가질 수 있는 감정이라는 의미였습니다. 그런데 메모를 하다 보면 제 생각이 저자가 의도한 문장과는 다르게 전개될 때가 있습니다. 저자는 가벼운 우울=누구나 가질 수 있는 감정이라고 말했지만 프로이트의 '트라우마' 이론을 떠올린 저는 프로이트를 비판한 아들러와 관련지어 현실을 합리화하려는 시도로 우울증을 생각해 보았습니다. 프로이트와 아들러 이론은 익숙해서 신선한 관점이라 할 수는 없지만 저자의 생각만을 좇지 않고 여러 면으로 자기 생각을 정리하는 것은 시야를 넓히는 데 도움이 됩니다.

> 철학은 일반적으로 사람들이 자명하게 생각하는 것을 당연하게 여기지 않고 의문시하는 데서 시작한다.
> – 박찬국의 《사는 게 고통일 때, 쇼펜하우어》 중에서

[전자책 메모]
돌은 자명하다. 자명한 것은 안전하다. 안전한 것은 인식 밖으로 밀려난다. 그러면 존재하지만 존재하지 않게 된다. 존재하지 않는 것은 생각할 수 없다. 생각할 수 없다면 의심할 수도 없다. 돌을 철학하고자 한다면 돌이라는 이름을 지우고 돌을 설명하면 된다. '돌'이라는 한 음절의 개념이 돌을 자명하게 만들기 때문이다. 이것부터 지워야 돌을 철학할 수 있다. 그리고 보니 철학이란 '개념을 지운 자리에 드리우는 의심'이라 정의할 수도 있겠다.

인문 분야의 책을 읽다 보면 저자와의 지식 격차에 위축돼서 그들의 생각에 쉽게 동의하고 쉽게 수용해 버립니다. 위의 문장에서는 '당연한 것을 당연하게 여기지 말라'고 하는데 그게 쉽지 않습니다. 그래서 '당연한 것을 당연하게 여기지 않으려면 어떻게 해야 하는가'라는 문제에 대해 생각해 보았습니다. 문장 밖에 있는 문제를 끌고 들어온 것입니다. 이처럼 인문 분야라 해서 위축되지 말고 오히려 자기 생각을 가감 없이 글로 부딪혀 볼 때 자기만의 관점을 가질 수 있습니다.

#메모가 모이면, '독서노트'의 위력이 발휘된다

이처럼 읽다가 매력적인 문장을 만나면 그때마다 밑줄을 긋고 떠오르는 영감은 그 즉시 메모해둡니다. 메모는 전자책에 내장된 독서노트에 자동 저장됩니다. 전자책만의 강점이죠.

책을 읽다 보면 저자가 참고한 자료의 폭과 깊이에 존경심이 절로 생길 때가 있지 않습니까? 독서 수준이 넘을 수 없는 벽이라는 생각이 들면서도 어쩌면 저렇게 내용에 딱 맞는 책을 골라내는지, 수많은 책 가운데 논리상 인용되어야 하거나 참고할 문장만을 정확하게 뽑아내는지 궁금했던 적이 한 번쯤은 있었을 겁니다. 하지만 독서량은 시간에 비례하는 것이어서 의욕만 가지고 될 일은 아닙니다.

저는 '쓰기 위한 읽기'로 독서의 관점을 바꾸고 동시에 '전자책' 사용을 병행하면서 이 문제를 자연스럽게 해결했습니다. 우선 책을 쓰기 위해서는 많은 책을 읽을 필요가 없습니다. 이 책에서 내내 주장해왔듯이 문제(주제)를 풀어가는 데 필요한 책만 골라서 읽어도 충분합니다. 신간이 아니라 스테디셀러 위주로 깊이 있는 책을 찾고, 책을 읽을 때는 수집한 문장에서 얻은 인사이트를 정리해 가면서 자신만의 관점을 발전시켜 나갑니다.

이러한 방식으로 '쓰기 위한 읽기'를 하다가 그동안 저장한 전자책 책장 목록을 열어보세요. 지금까지 카테고리별로 모아둔 전자책 속에 저장된 밑줄과 메모를 한눈에 확인할 수 있습니다. 책을 쓰다가 글이 막힐 때면 머리도 식힐 겸 책장 속 전자책을 하나씩 열어서 밑줄과 메모만 빠르게 훑어봅니다. 그러다 어떤 책, 어떤 문장에 꽂히면 원문장이 담긴 페이지로 돌아가 그 장을 처음부터 끝까지 자세히 읽어봅니다.

그러다 보면 현재 쓰고 있는 글의 어느 지점에 '이 문장이 꼭 들어갔으면 좋겠어'라거나, '이 문장을 달리 해석하면 논리가 약해서 고민했던 원고의 어느 장이 보완되겠어'라는 식의 아이디어가 떠오르기도 합니다. 전자책 책장 안에 책이 30종에서 50종만 쌓여도 각각의 책 속 문장에서 얻어낼 수 있는 창의적인 힌트는 상상 이상입니다. 천 권이든 만 권이든 결코 읽기만 해서는 얻을 수 없는 통찰입니다.

 강조하지만 전자책은 지식을 얻고, 새로운 지식을 창조하고, 연결하고, 확산하는 데 필수적인 '쓰기의 무기'입니다. 전자책이 불편하다고 사용하지 않는다면 당신은 스스로 불리함을 자처하는 것입니다. 전자책은 어렵지 않습니다. 익숙하지 않을 뿐입니다. 제가 전자책을 강조하는 이유입니다.

 종이책을 읽을 때도 그때그때 수집한 문장을 문장수집 파일에 모아둡니다. 저는 읽기의 70퍼센트는 전자책을 이용하고 전자책에 없는 책만 종이책으로 사서 읽습니다. 글을 쓰는 데 당장 참고할 자료를 찾다 보니 책을 사놓고 읽지 않는 경우는 거의 없습니다. 종이책으로 읽더라도 한글

문서로 변환한 문장을 문장수집 파일에 모아둡니다. 이 자료들이 목적 있는 글쓰기에 영감을 주는 보물이 됩니다.

잘 읽으면 좋은 카피는 저절로

 요즘 SNS를 하지 않는 사람이 없습니다. 짧은 글이 대세가 되었습니다. 글자 수를 줄여야 한다는 것은 의미를 점점 더 작은 상자에 눌러 담아야 한다는 뜻입니다. 함축된 언어, 시적 은유가 절실해진 시대가 되었습니다. 그런데 사람들은 은유를 어떻게 배워야 하는지 모릅니다. 은유의 시작은 간단합니다. 읽고, 옮기고, 바꿔 써보기입니다. 당신에게 은유를 읽고 창작하는 눈이 생기기 전까지는 타인의 눈을 빌려 은유의 세계를 배워가면 됩니다.

 글을 읽을 때 문장에서만 영감을 받는 게 아닙니다. 은유적으로 조합된 단어에서 느끼는 기발한 아름다움도 짧지만 강력한 영감입니다. 은유야말로 훌륭한 카피 글쓰기입니다. SNS에 최적화된 글쓰기 방법입니다. 이번 장에서는 누구라도 시선을 멈추게 하는 카피 글쓰기 비법을 쉽게 설명해 보겠습니다.

#짧게 읽고, 깊이 쓰기

장석주의 책《은유의 힘》에서 짧은 한 문장을 가져와 보겠습니다. "그러나 쓸모가 있는 것, 유용한 것만이 가치가 있는가?" 저는 해석하지 않고 이 문장에서 '쓸모 있는 것'을 뒤집어 '쓸모없는 것은 가치가 없는가?'라고 고쳐 써봅니다. 마지막으로 서술어를 빼고 '쓸모없음의 가치'라는 명사구를 만들었습니다.

> *(출발문장)* "그러나 쓸모가 있는 것, 유용한 것만이 가치가 있는가?"
> *(도착문장)* '쓸모없음의 가치'

다음으로 도착문장 '쓸모없음의 가치'를 응용해 봅시다.

쓸모와 가치를 우리는 유사한 개념으로 인식합니다. 하지만 여기서는 '쓸모없음'과 '가치'라는 서로 등 돌린 개념이 부정교합을 하고 있습니다. 부러진 질서 속에서 낯선 의미가 생겨납니다. 문장의 색다른 질감은 편하고 익숙하고 착실한 조합을 무너뜨릴 때 느낄 수 있습니다. 이러한 접근은 흥미롭습니다. 이제 '쓸모없음'과 '가치'를 가지고 짧은 문장을 만들어 봅니다.

"쓸모가 세상을 만들지만 쓸모없는 것은 세상을 꿈꾸게 한다. **쓸모없음의 쓸모, 그것은 예술.**"

'예술이란 무엇인가?'하고 질문을 던졌을 때 '쓸모없음의 쓸모'라고 말하기란 쉽지 않습니다. 이름이 없으면 존재를 부를 수 없듯이 '예술'을 자기 언어로 고민해 본 적이 없다면 달리 표현할 방법도 없습니다. 생각의 질서를 허물고 새로운 조합의 개념화를 시도하다 보면 그것이 카피 글쓰기가 됩니다.

#사랑, 읽고 쓰고 이해하다

구보 미스미의 책 《가만히 손을 보다》의 "진실로 사랑하지 않는 사람과 함께 있으면 더욱 고독해질 뿐이라는 사실만 깨닫게 되었다."를 읽고 '둘이 있어 고독하면 사랑이 아니다'라고 메모해 두었습니다. '아! 그렇구나' 하고 쓰면서 깨닫습니다. 읽어서는 감응하지 못하는 사실을 쓰면서 깊이 공감할 때가 있습니다. 알고 쓰는 게 아니라 쓰면서 알아지는 경우입니다. 멀어져 있던 관심이 작가의 문장에 떠밀려 고독이 코앞까지 가까워진 겁니다. 자세히 보려고 하니 보입니다.

드라마 작가 노희경이 말하길, 듬성듬성하게 세상을 보면 듬성듬성한 드라마가 나오고, 섬세하게 세상을 보면 섬세한 드라마가 나온다고 했습니다. 그녀의 말처럼 사물, 사람, 상황에 섬세한 사랑의 시선을 드리울 때 당신은 당신의 표현을 뛰어넘습니다.

어느 날 멀어지는 것과 가까워지는 것에 관해 생각하다가 '우리'의 '사이'라는 짧은 글을 썼습니다. 쓰다 보니 '우리'와 '사이' 속 숨은 관계의 의미를 알게 되었습니다. 듬성듬성 보다가 가까이 다가서니 보입니다.

〈 '우리'의 '사이' 〉

 풍경이 아름다운 건 그곳이 내게서 멀리 떨어져 있기 때문이다. 한 폭에 담긴 그림에는 잡티가 보이지 않는다. 가족과 친구를 생각해 보라. 함께 있을 때보다 멀리 떨어져 있을 때 서로를 묶는 유대가 더 따뜻하고 아름답게 느껴진다. 멀리 있는 것은 현실과 비현실, 사실과 허구 사이를 마치 유화의 붓 터치처럼 불분명하게 흐린다. 흐린 것에는 현실을 가리는 낭만이 있다. 입대 후 유독 엄마를 향한 그리움은 마음에서 빌 새가 없었다. 멀어질수록 그리움은 짙어졌다. 아들들은 군대라는 통제 앞에서 처음으로 끓어넘치게 존재를 사랑하게 된다.

시간이 흘러 사회에 복귀하고 이제 손을 뻗어 닿을 수 있는 거리 안으로 들어서면 어느새 '별일 없겠지…'하고 벌써 존재에 무뎌지기 시작한다. 그러다 문득 '차라리 떨어져 지낼 걸…'하는 생각이 들 때가 있다면 비좁은 일상 속에서도 서로 겹치는 감정의 결을 느끼지 못해서다. 가까이에서 각자의 멀어진 외로움을 느끼는 것이다.

그러고 보면 이따금 '우리' '사이'를 적당히 떼어 놓는 게 나쁜 건 아닐 것이다. 멀리 서로의 안녕을 비는 마음이 가까워서 외로운 것보다야 나을 테니까. 아이가 먼 달을 올려다보며 토끼가 산다고 말한다. 보이지 않을 만큼 멀어져 있으니 아이의 머릿속에 절구를 찧는 예쁜 토끼도 살아나지 않나.

#'좋아요'의 비법

SNS에는 정말 기발한 은유가 넘쳐납니다. 그중 돋보이는 한 사람이 있습니다. 시인 하상욱입니다. 그의 시 가운데 "끝이 어디니, 너의 잠재력"이라는 시가 있습니다. 문장만 보면 평범해 보이지만 시와 제목을 연결하면 뭉클한 은유가 일어납니다. "끝이 어디니, 너의 잠재력_다 쓴 치약 중에서"

그는 말합니다. 다 쓴 치약조차 '조금 더 짜면 될 것 같은데'하는 생각을 하면서 우리는 정작 우리 자신에 대해 너무나 인색한 것이 아닌가 생각하면서 시를 썼다고 합니다. 그의 말을 정리하자면 시인은 일상에서 벌어지는 소소한 고민 가운데 본질적으로 속성이 겹치는 사물, 사람, 상황을 찾아서 맞춥니다. "꼭 온다더니 또 속인 거니_지구의 종말", "편지라도 적어볼까_서술형 답 모름"과 같은 식입니다.

그의 시에서 우리는 삶에 대한 공감과 착 달라붙는 언어적 재미를 느낍니다. 하상욱 풍의 시를 어렵지 않게 쓸 방법이 있습니다. 사물, 사람, 상황을 먼저 정하는 것입니다.

예를 들어 카드값이라고 화두를 던져놓습니다. 다음으로 카드값을 자신의 일상에 빗대어 생각해 봅니다. 카드값 내는 날은 한 달에 한 번 돌아옵니다. 바쁘게 살다 보면 눈 깜짝할 사이입니다. 이렇게 해서 도착한 문장은 '잠시만 안녕'이 되었습니다. 이것을 시인의 풍으로 고치면 '우리 잠시만 멀어지자_카드값'이 됩니다.

  이번에는 탈모라고 써놓고 생각해 봅니다. 탈모의 동사는 '빠지다'입니다. 여기에 머리카락을 의인화해서 '네가 빠지면'이라고 쓴 뒤, 뒤에 관용적으로 따라붙는 생각을 자연스럽게 붙여 문장을 완성합니다. '지금 네가 빠지면, 나는 어떡해_탈모' 내친김에 몇 개 더 만들어보겠습니다. '넌 내가 키워줄게_깔창', '아닌 줄 알면서, 이 밤 또 네 번호를 눌러봐_배달의 민족', '모든 순간이 'no'였다_소개팅 폭탄 남'처럼 해보면 어렵지 않고 이리저리 조합하는 재미가 있습니다.

카드값, 탈모, 깔창, 배달의 민족, 소개팅 폭탄 남처럼 먼저 던져놓고 그것들의 본질적인 속성을 일상의 한 부분과 연결 짓게 되면 피부로 느끼지 못했던 한 걸음 밖의 낯섦과 느닷없이 합쳐지는 기분이 듭니다. 은유는 그런 것 같습니다. 저는 이러한 시도를 좋아합니다. 문제를 내놓고 길을 찾으려는 생각의 시도가 기획자의 시선과 닮아있기 때문입니다. 기획자의 시선은 재능이 아니라, 시도 그리고 반복입니다.

SNS를 하고 있다면 짧은 시를 써보세요. 무엇을 쓸까 고민하지 말고 지금처럼 툭 던져놓고 사물과 당신을 은유해보세요. 탐색에 능숙해지고 문장이 쌓이면 '좋아요'가 집 나간 연어 떼처럼 돌아옵니다.

창조성의 원리

"사랑이란 자신과 다른 방식으로 느끼며 다르게 살아가는 사람들을 이해하고 기뻐하는 것이다. 자신과 닮은 사람을 사랑하는 것이 아니라, 자신과는 대립하여 살고 있는 사람에게 기쁨의 다리를 건네는 것이 사랑이다. 차이를 부정하는 것이 아니라, 그 차이를 사랑하는 것이다."《니체의 말》에 등장하는 한 대목입니다. 저는 여기에 나오는 '사랑'을 '읽기'로 바꿔 다시 써보았습니다. 써놓고 보니 읽기에 대한 정의가 새삼 신선하게 와닿습니다.

읽는다는 것은 자신과 다른 방식으로 느끼며 다르게 살아가는 사람들을 이해하고 기뻐하는 것이다. 자신과 닮은 사람만을 읽는 것이 아니라, 자신과는 대립하여 살아가는 사람을 읽고 이해하며 결국 기쁨의 다리를 함께 건너는 것이다. 차이를 부정하는 것이 아니라, 그 차이마저 읽어서 사랑하는 것이다.

 '읽기는 사랑'이라는 은유의 문장이 되었습니다. 사랑은 섞이는 것이 아니라 자신과 다른 방식으로 살아가는 사람과의 차이를 구별하면서도 동시에 인정하는 일입니다. 서로를 섞어 희미하게 일체화시키는 게 아닙니다. 나는 나로 너는 너로서의 아름다운 공존을 모색하는 일입니다. 이것을 '은유'라고 합니다. 서로 다른 남녀가 만나 부부라는 '함께'의 서사를 써나가는 삶 또한 은유입니다. 읽는다는 것도 그렇습니다. 내 생각을 버리는 것도, 타자의 생각을 일방적으로 따르는 것도 아닙니다. 타자의 생각을 읽고, 내 생각을 덧붙여 고쳐 쓰고, 고친 글을 다시 읽고, 고쳐보기를 반복할 때마다 당신을 잃지 않으면서 될 수 있는 최대한의 당신으로 성장해갈 것입니다.

읽을 때는 의식을 누르고 최대한 감각을 끌어올립니다. 이때 머릿속은 느낌과 감각이 충만한 상태가 됩니다. 반대로 쓸 때는 느낌을 최대한 누르고 의식을 끌어올려 선명한 문장으로 느낌과 감각을 표현합니다. 읽기와 쓰기를 반복할 때 생각은 인식의 안과 밖을 넘나들며 당신이 가진 고유한 창조성을 드러냅니다. 개인적인 경험에 비추어 생각하면 '느낌'과 '지식'은 읽을 때 구름처럼 피어오르고, 지혜는 쓸 때만 선명한 꽃을 피웁니다.

기획자가 더는 새로운 관점을 제시하지 못하면 그것은 상상할 권리를 부여받은 직업인에게 퇴출 선고나 다름없습니다. 머리를 쥐어뜯고 몸부림을 친다고 해도 떨쳐낼 수 없는 고통입니다. 기획자로 18년을 살아오면서 창의적인 생각은 어디에서 오는가를 늘 고민했습니다. 창의력은 엉덩이에서 나온다는 말을 한때는 신앙처럼 믿은 적도 있었지만 '남과 다른 관점'은 자신이 표현해 본 적 없는 표현 안에서만 발견할 수 있었습니다.

당신이 갖지 못한 타인의 말과 생각을 이기적이리만큼 욕망해야 합니다. 그의 말을 '당신의 세계'에 접목해서 쓰고 고쳐보고 느껴봐야 합니다. 그의 생각을 뚫고 새로운 생각의 싹을 틔워야 합니다. 그것이 창의입니다.

문제로부터 답을 찾는 '읽기의 힘'

이번 장에서는 인생이든 비즈니스든 문제가 생겼을 때 '문제로부터 답을 찾는 읽기'가 삶에 어떤 식으로 구체적인 도움을 주는지 살펴보겠습니다.

저는 기획자입니다. '말도 안 되는 일을 상상할 수 있는 권리'를 가진 직업인입니다. 기획에는 경계가 없습니다.

6년 전, 갓 마흔을 넘긴 나이에 개인을 대상으로 한 '작은 브랜드 컨설팅'에 관심을 가지기 시작했고 그것이 출판계에 첫발을 들인 계기가 되었습니다. 작은 브랜딩을 위해서는 아무래도 '책'이 필요하겠다고 생각했습니다. '책은 아무나 쓸 수 없다', '책은 전문성이 필요하다'하는 생각은 저자를 달리 보이게 하는 힘이 있으니까요.

 콘텐츠로서의 책은 대상이 분명한 독자를 만납니다. 독자는 책의 신뢰를 전제한 상태에서 책을 읽습니다. 독자가 책 속 이야기에 공감하면 할수록 저자와 독자 사이의 정서적 거리는 가까워집니다. 책도 파는 것이니 책을 읽는 사람은 독자인 동시에 소비자입니다. 무언가를 살 때 진정으로 좋다고 느끼고 만족하게 만드는 게 마케팅입니다. 책이든 제품이든 그것에 팬심이 생기게 만드는 과정이 브랜딩이고, 그렇게 해서 시장 내 위치가 확고해진 콘텐츠를 브랜드라고 합니다. 자본과 인지도가 약한 작은 브랜드를 키우는 과정에서 팬심을 구축하기에 유리한 출판기획은 자연스러운 흐름이었습니다.

 #이렇게 해야 해?
 제가 출판계에 들어와서 조금은 의아했던 것 가운데 하나가 '출판기획서'였습니다. 투고 준비를 마친 원고들이 하나둘 완성되기 시작하면서 출판기획서를 작성해야 했는데 찾아본 양식이 다 같았기 때문이죠. 상대를 설득하기 위한 목적을 달성하려면 기획의 주도권은 기획자가 쥐고 있어야 합니다. 기획서가 창의적이어야 하는 이유입니다.

'나'다운 기획서라야 설득의 힘을 제대로 발휘할 수 있습니다. 그런데 출판기획서가 개성 없이 다 똑같다면 매일 출판사로 쏟아지는 기획서를 일로써 읽어야 하는 사람에게는 고역입니다.

출판기획서에 들어가는 내용은 책을 기획하게 된 배경(기획 의도), 핵심 주제, 이 책이 지금 나와야 하는 이유(시의성), 예상 가능한 독자를 직관적이고 논리적으로 설명하면 되는 것인데, 책에서 표준이라 제시하는 출판기획서 양식은 글씨만 깨알같이 박혀 있어서 정말이지 읽고 싶지 않았습니다. 표준이라는 말에 평소 불편함이 있어서 그런지, 책을 읽는 내내 '출판기획서는 이렇게 작성하는구나.'하고 생각한 게 아니라 '꼭 이렇게 작성해야 해?' 하는 의구심만 계속 생기더군요. 당시 출판계가 보수적이라는 이야기를 들었기 때문에 어찌해야 할지 살짝 고민은 했습니다.

 책을 읽을 때 '나'를 불편하게 만드는 대목이 있으면 그냥 넘길 것이 아니라 오히려 저자에게 돌직구를 날려야 합니다. 마찬가지로 비즈니스에서도 기회를 만들고 싶다면 기존 질서에 순응할 게 아니라 '노!' 하고 대들 용기도 필요합니다. 기획에는 정답이 없습니다.

 '꼭 이렇게 해야 해?' 하는 말은 '이렇게 하고 싶지 않다'는 제 안의 응답이잖아요. 그래서 저는 이 지루하고 재미없는 기획서를 '빨리', '쉽게', '선명하게' 판단하고 즉시 결정할 수 있도록 바꿔야겠다고 생각했습니다. 문제를 풀고자 할 때는 주체적이고 능동적으로 상황을 바라봐야 합니다. 이것은 책을 읽을 때도 마찬가지입니다.

 강을 건널 때 아스팔트로 된 다리만 훌륭한 게 아닙니

다. 띄엄띄엄 놓은 징검다리라도 건너기만 하면 목적은 달성하는 겁니다. 징검다리로 보자면 키워드 '빨리', '쉽게', '선명하게'는 강 사이에 놓는 디딤돌에 해당합니다. 이 키워드들을 하나의 콘셉트로 연결하면 출판기획서의 기획 방향이 완성됩니다. 콘셉트는 '1초 안에 결정하게 만드는 기획서'였습니다.

  1초 안에 이 원고를 계약할지 말지를 결정하도록 만들려면 텍스트는 최소화하고 기획서 1면을 책표지처럼 만들어야 한다고 생각했습니다. 표지에는 기획 의도가 함축된 선명한 이미지뿐만 아니라 제목과 부제가 들어갑니다. 제목(헤드 카피)과 부제(서브 카피)는 카피 글쓰기의 영역으로 짧은 글로 기획 의도를 선명하게 전달하는 데 효과적입니다. 표지 이미지와 카피 글쓰기가 결합되면 '빨리', '쉽게', '선명하게'의 기획 의도를 반영한 '1초 결정 기획서'가 만들어집니다.

01
Project Proposal

출간기획서 콘셉트 | 표지 샘플 예시

—

02
Project Proposal
출간기획서 콘셉트 | 표지 샘플 예시
—

이러한 '이미지 텍스트' 중심의 방식은 기존 출판기획서와는 확실히 그 결이 다릅니다. 결과적으로 다수의 출판사로부터 이해하기 쉽다는 호평을 받았습니다. 더 고무적인 일은 투고 후 계약 제의를 받기까지의 시간이 짧아졌다는 것입니다. 투고 직후 5분도 채 안 돼서 연락을 받기도 했습니다. 표지만 보고 바로 연락해오는 출판사도 있었습니다. 좋은 콘텐츠라면 우선 협상권을 선점해야 할 테니까요. 바로 그 판단의 시간을 줄여드리자고 한 전략이 맞았던 것입니다.

 주변에서는 출판사가 보수적이라고 했지만, 역시 남의 말에 기대기보다는 본인이 경험을 해봐야 합니다. 저는 이 경험 덕분에 출판기획에 대한 자신감을 얻었고 이후에도 편집자와 출판사 대표자의 근무환경을 고려해가며 '쉽고', '빠르고', 확실히 '결정'할 수 있는 저희만의 개성 있는 양식을 발전시켜왔습니다.

어떤 일을 할 때 경험이 적다는 게 약점만은 아닙니다. 오히려 업계의 오랜 관행에 구속되지 않아서 기존 틀에서 벗어난 자유로운 접근을 시도해볼 수 있었습니다. 출판계의 암묵적인 규칙을 모르면 저에게는 애초 규칙이 없는 것이나 마찬가지니까요. 무식한 용기란 그런 게 아닐까 싶습니다. 배움은 외부의 지식을 그대로 받아들이는 게 아닙니다. 관습적인 주장에는 '왜?'라고 저항할 수 있어야 하고, 때로는 자기 방식을 과감하게 시도하여 관철해내겠다는 의지도 있어야 합니다.

쓸 때도 읽는다.

글을 쓸 때 가까이에 프린터가 없으면 여러모로 불편합니다. 원고를 모니터로 봐서는 도저히 안 보이는 데가 꼭 있기 때문입니다. 책을 쓴다고 하면 방에 프린터가 있느냐고 물어봅니다. 있다는 사람도 있고 꼭 있어야 하냐는 사람도 있습니다. 제 경험상 환경이 허락한다면 꼭 있으면 좋겠습니다. 당신이 쓴 글을 눈으로 읽을 때와 종이에 출력해서 읽을 때가 희한하게도 다릅니다. 출력했으면 반드시 소리 내어 읽습니다. 읽을 때는 최대한 또박또박 마치 성우라도 된 듯 정성껏 읽습니다. 긴 글에도 운율이 있습니다. 띄어쓰기가 그냥 있는 게 아닙니다. 문장이 지나치게 길거나, 띄어쓰기가 안 돼 있거나, 오탈자가 있거나, 부사나 형용사를 남발했거나, 주어와 서술어가 짝짝이거나 하면 목에서 탁탁 소리가 걸립니다. 그러면 글을 다시 손봐야 합니다.

 사실 제가 어떻게 하면 글을 잘 쓸 수 있냐는 질문에 답할 수 있는 경지에 있는 사람은 아닙니다. 겸손이 아니라 사실입니다. 지금도 작가보다는 기획자로서의 신분이 저의 정체성이라 생각합니다. 다만 읽을 만한 수준까지 도달할 방법은 압니다. 기본을 지키는 일입니다. 띄어쓰기는 재능의 문제가 아닙니다. 오탈자도 마찬가지입니다. 기본은 누구나 지킬 수 있지만 끝까지 완벽하게 지켜내려는 사람은 많지 않습니다.

 원고를 고치다 보면 기본 원칙만 잘 지켜도 문장이 몰라보게 좋아진다는 사실을 그 즉시 확인할 수 있습니다. 기본은 지키지 않으면서 기교에 지나치게 신경 쓰거나, '어떻게 하면 잘 팔릴까' 하는 전술에만 집착하면 자기 글을 제대로 보지 못합니다. 반드시 글을 쓰고나서는 출력해서 소리 내 읽으라고 하지만 아마 이 책을 읽고 나서도 실천으로 이어지는 사람은 소수에 불과할 것입니다. 저는 당신은 그러지 않았으면 하는 바람입니다.

 기본에 충실해야 합니다. 그것이 하루가 다르게 변화성장하는 사람들의 공통점입니다.

읽지 못하면 잃는다

 이번 장에서는 읽기에 관한 이야기를 주로 나눴습니다. 그런데 읽기로 출발한 이야기가 어쩐지 자꾸 쓰기로 새는 상황을 내내 목격하셨을 것입니다. 애초에 이 책은 '쓰기 위한 읽기'를 전제로 출발했기에 읽기와 쓰기를 완전히 독립적으로 다룰 수 있는 문제는 아니었습니다.

 거듭 강조하지만 문제로부터 생각을 출발시키고 문제를 해결하는 데 필요한 읽기를 해야 한다고 했습니다. '문제란 무엇일까?'는 중요한 질문이니 다시 한번 정리하고 넘어가겠습니다. '나를 불편하게 만드는 것'은 모두 문제가 될 수 있습니다.

여기서는 조금 다른 관점에서 '읽기'를 말하고자 합니다. 인생 읽기입니다. 하상욱 시인의 어릴 적 꿈은 만화가였습니다. 나이를 먹어 가면서 그는 자신의 꿈을 이룰 수 없음을 인정해야만 했습니다. 고통스러웠겠죠. 모든 사람이 꿈을 노래하고 모두가 꿈을 이루어야만 할 것 같은 세상에서 혼자만 꿈에서 멀어지고 있다는 현실을 직시하는 것은 힘든 일입니다.

 꿈은 '꾼다'라고 하죠. 이어령 선생님의 책 《눈물 한 방울》을 읽다가 "꿈은 미래에 대한 빚이다. 돈도 꾼다고 하기 때문이다." 하는 문장을 읽고 공감했습니다. 삶에 욕심을 내 꿈에 꿈을 추가하다 감당하기 버거울 만큼 부채가 늘어났고 그러다 보니 쉴 틈 없이 치열한 현실을 살아가는 것 아니겠습니까.

 부처님 말씀에 고苦, 집集, 멸滅, 도道라는 네 가지 깨우침이 있습니다. '고'는 삶의 고통을 의미하고, '집'은 잡는다

또는 모은다는 의미입니다. 쉽게 말해 집착하는 마음입니다. 이것을 '멸'하여 이르는 것이 열반이고 '고', '집', '멸'에 이르는 구체적인 방법이 '도'입니다.

  현재 우리 삶이 힘든 것은 집集 때문이 아닌가 싶습니다. 꿈에 꿈을 더해가는 집착으로 인해 인생에 감당할 수 없을 만큼 부채가 쌓이는 것입니다. 꿈 하나를 내려놓으면 그만큼의 부채를 덜 수 있는데 꿈을 내려놓는 것을 우리는 인생의 대단한 수치로 생각합니다. 꿈을 꾸는 것보다 부채를 내려놓는 것을 더 힘들어합니다.

  꿈을 내려놓고 숨 쉴 만큼의 부채를 덜면 다시금 살아갈 기력이 생기지 않겠습니까? 시인은 만화가의 꿈을 내려놓은 뒤 여태껏 꿈도 꾸지 않았던, 그래서 감당할 부채도 없었던 글을 자유롭게 쓰기 시작합니다. 만약 그가 시인이 되고자 했다면 하상욱의 시는 세상에 나올 수 없었을 것이라고 합니다. 그가 자신만의 시 영역을 만들어 갈 수 있었던 이유는 '이건 아닌 것 같다'하는 불편한 자기 문제로부터 새로운 길을 모색했기 때문이었습니다. 그러고 보면 그가 꿈을 내려놓은 것은 포기가 아니라 문제 해결에 이르는 자기만의 새 길이었던 셈입니다.

책을 읽기에 앞서 '읽다'라는 동사의 첫 번째 낭독 대상은 시인이 그러했듯 당신 자신이 되어야 할 것입니다. 당신을 불편하게 해온 문제를 피하지 않고 대면할 수 있어야 합니다. 불편함을 끌어안고 해결할 것인가, 불편함을 내려놓고 부채를 탕감할 것인가를 스스로 결정할 수 있어야 진정한 시작이 있지 않겠습니까.

읽고, 쓰고, 증명한다

어떤 뜻하지 않은 사건과 부딪혔을 때 말문이 막힙니다. '말의 문'은 저절로 막히기도 하지만 스스로 막기도 합니다. 문은 안과 밖을 구분하는 완벽한 차단입니다. 몸을 숨기고자 할 때 우리는 문을 닫습니다. 저는 초등학교 시절부터 발표에 대한 두려움이 있었습니다. 겉으로 보면 평범해 보여도 말의 문을 여는 순간 저는 사람들 앞에 발가벗겨질 것 같은 두려움을 느꼈습니다. 그 때문이었는지 어린 시절 말을 더듬었고 글을 읽을 때 어려움을 겪기도 했습니다. 제게 있어 공포는 사람들이 아니라 그들로 인해 언제든 해부될 수 있는 저 자신에 대한 공포였습니다. 지금 생각하면 기대하게 하는 것보다 무시되는 편이 사람들로부터 안

전하다고 판단했던 것 같습니다. 학창시절 학업을 멀리하고 외톨이로 지냈던 데는 그런 이유가 있었습니다.

 다시 책을 읽기 시작한 것은 이십 대 중반을 넘어서부터입니다. 세상에 나와 보니 학교라는 담장 안이 참 편했구나 하는 생각이 들었습니다. 세상은 언제나 증명하길 요구했고 그에 발맞춰 사느라 언젠가부터 시간을 바삐 사는 버릇이 생겼습니다. 어른이 된다는 것은 일제히 가속 페달을 밟아 삶의 속도를 높이는 것이었습니다. 말 문만 꽉 붙들고 있으면 안전할 줄 알았는데 불안해지기 시작했습니다. 남들이 아는 걸 저도 좀 알아야겠다 싶었습니다. 그래서 시작한 것이 책 읽기입니다.

 책을 읽으면서 좋았습니다. 뭔가 알 것 같고, 뭔가 될 것 같고, 뭔가 행복해지는 기분은 분명히 있었습니다. 그렇게 시간이 흐른 어느 날, 삶은 삶대로 책은 책대로 각자의 시간만 흘려보내고 있음을 문득 깨달았습니다. 책장을 정리하는데 읽고 지나간 책에서 제 생각의 흔적을 발견하지 못했습니다. 마치 처음 대면하는 책처럼 말입니다. 다독이 아니라 그동안 아까운 시간을 낭비했다는 생각이 들더군요.

　유학 때였습니다. 고작 이십 대 초반이었습니다. 어머니가 그리워 그림을 그렸습니다. 아무리 잘 그려보려 해도 어머니 얼굴이 아니어서 속상했습니다. 안 되겠다 싶어서 사진을 확대 복사해서 가로세로 일정한 간격으로 줄을 긋고 번호를 매겼습니다. 깨끗한 종이에도 똑같이 선을 긋고는 좌표를 찍어가며 그렸더니 거짓말처럼 어머니와 똑같은 얼굴을 그릴 수 있었습니다. 저는 새벽까지 어머니의 얼굴을 그리다가 그림을 배웠습니다. 문득 그때의 일을 떠올리면서 배움이라는 것은 증명할 수 있을 때 온전히 자기 것이 된다는 것을 새삼 깨달았습니다.

　평소 '추상에서 구체로'라는 말을 좋아하는 이유도 이 때문입니다. 그림을 스스로 그려서 배웠듯 책도 좋았다는 감상에 그치지 않고 읽은 것을 어떻게 증명할까 생각하다가 시도해 본 것이 강의였습니다. 여태 '말의 문'을 꽉 닫고 살았지만 이제 말문을 열고 스스로 증명해야겠다 결심했습니다. 알아야 할 것이 있으면 책을 읽었고 읽고 나면 강의를 했습니다. 한 사람도 좋고 두 사람도 좋았습니다. 강의를 만들고 몇 사람이 오든 그 앞에서 읽고 배운 것을 제 언어로 증명해 보았습니다. 얼마나 제대로 이해했는지 타인 앞에 서면 적나라하게 드러납니다.

누가 올지 알 수 없을 때의 긴장감이 '앎'이라는 감상 아래의 논리체계를 치밀하게 점검하도록 했습니다. 강의가 있기 전날은 떨려서 잠을 이루지 못했습니다. 강의를 해보면 읽기만 해서는 알 수 없는 것을 배웁니다. 가르침 안에 깨달음이 있었습니다. 배우고 증명하는 패턴에 익숙해지면서 인생 앞에 어떤 문제가 놓일 때 두려워서 피하기보다는 '모르면 배우면 되지!' 하는 자신감으로 헤쳐나갔습니다. 강의를 준비하며 공부했던 자료가 쌓이고 생각을 글로 정리하는 과정에서 전에 알지 못한 깨달음의 즐거움을 느꼈습니다. 읽기에서 강연으로 강연에서 다시 쓰기로의 흐름은 지식을 얻고 쌓고 숙성시키는 단단한 체계가 되었습니다.

 강연에는 청중이 있어야 하지만 글쓰기는 청중 없이도 저를 증명할 수 있었습니다. 책을 쓰고 강연을 하면서 보낸 지난 6년은 오롯이 쓰기 위해 읽어온 시간이었습니다. '쓰기 위한 읽기'는 바꿔 말해 '증명하기 위한 읽기'라고 말해도 좋겠습니다. 삶을 흔드는 문제들을 피하지 않고 지혜롭고 당당하게 극복해가는 삶의 자세라고 해도 좋을 것입니다.

) # 100번의 강연에서

뽑은 10가지 질문

Part. 6

어떻게 읽어야 하나

어떻게 써야 하나

어떻게 읽어야 하나

[Q1] 책을 완독해 본 적이 없다. 책만 잡으면 졸음부터 온다. 책은 나와 맞지 않는 것일까?

책에 당신을 맞추려고 하니 힘듭니다. 당신에게 책을 맞춰야 합니다. 한때 베스트셀러 1위에 올랐던 마이클 샌델의 《정의란 무엇인가》가 판매량과 비교해 완독률이 현저히 떨어진다는 지적이 있었습니다. 분위기에 이끌려 사기는 했는데 펼쳐보니 어려운 것이죠. 세스 스티븐스 다비도위츠의 책 《모두 거짓말을 한다》의 가장 마지막 부분에 완독률과 관련된 재미있는 연구 내용이 있습니다.

위스콘신 대학교의 수학자 조던 엘렌버그는 얼마나 많은

사람이 책을 끝까지 읽는지를 연구했습니다. 아마존은 사람들이 책 속의 문장을 인용한 숫자를 알려주는데, 그는 이 자료를 토대로 사람들이 자주 인용하는 문장이 책의 어디에 집중되어 있는지를 조사했습니다. 이 조사는 복잡하고 어려운 책일수록 사람들이 어디까지 읽는가를 밝히는 힌트가 될 수 있었습니다. 예상대로 쉬운 책의 완독률은 높았던 반면 노벨상 수상을 했던 경제학자 대니얼 카너먼의 대표작 《생각에 관한 생각》을 끝까지 읽은 사람은 독자의 약 7%였고, 세계적으로 알려진 토마 피케티의 《21세기 자본》은 겨우 3%만이 완독했다고 합니다. 개인적인 생각입니다만 마이클 샌델의 《정의란 무엇인가》도 비슷하지 않았을까 싶습니다. 완독을 기준으로 하면 읽기 힘든 책은 대부분 끝까지 읽지 않습니다. "고전은 모두가 읽고 싶어 하지만 정작 아무도 읽은 적이 없는 책이다."라는 마크 트웨인의 말처럼 말입니다.

산을 가본 적 없는 사람이 험한 산을 한번 다녀오면 등

산의 등자만 나와도 질색합니다. 높은 산을 오르려면 가까운 산부터 올라야 하고, 멀리 가려면 가까운 길부터 다녀야 하지 않겠습니까. 책에 당신을 맞추려 하지 말고 당신이 즐겁게 읽을 수 있는 책에서부터 출발해야 주체적인 공부가 됩니다. 《정의란 무엇인가》처럼 모두가 사는 책이라 해도 다수가 읽지 않듯 의무적인 독서로 열등감을 느낄 이유는 없습니다.

[Q2] 인문, 경제 분야는 흥미가 없다. 꼭 읽어야 하는가?

지금 당신이 사는 삶 밖의 이야기라 생각하니 관심이 없을 수밖에요. 인문, 경제경영 분야가 실제로 재미가 없어서 흥미를 못 느끼는 것이 아닙니다. 예를 들면 당신이 주식에 돈을 투자했다고 가정합시다. 주가 그래프가 오르락내리락할 때 마음이 동요합니다. 사람은 불안이 찾아오면 감정을 통제하고 싶어 합니다. 그러면 주식을 공부해야겠다는 생각을 하게 됩니다. 투자금이 클수록 배움에 대한 욕구도 크겠죠. 당신은 다음과 같은 전제를 합니다. 제대로 배워서 투자하면 [전제_문제] 안정적인 수익을 낼 수 있을 것이다. [결론_해결] 이렇게 되면 옆에서 말려도 책을 찾아 읽고 배워서 실행해 봅니다. 거기에 긴장과 설렘을 느낍니다. 주식이 당신의 현실이 되었기 때문입니다.

책은 경험과 합쳐질 때 엄청난 시너지를 냅니다. 만약 인문학과 친해지고 싶다면 쉬운 책을 한 권 정하고 바로 공개 강의를 만드세요. 지적 허세를 떨기 위한 강의가 아닙니다. 자신의 행동을 공개적으로 선언하면 번복하기가 어렵습니다. 현실의 고무줄을 스스로 잡아당겨 탱탱한 긴장을 만드는 겁니다. 강의 시간과 장소가 정해지는 순간부터 책과 강의는 당신 뇌리에서 떠나질 않습니다. 사람들에게 나쁜 평가를 받고 싶지 않으니까요. 공개적으로 한 말과 행동이 일치하지 않을 때 사람은 인지적 부조화에 빠져 힘들어합니다. 그래서 정신적으로 편안한 상태를 유지하기 위해 적극적으로 행동하는 것입니다. 이처럼 생산력, 창의력, 추진력을 낳는 힘의 근원은 '긴장을 의도한 상황'에서 나옵니다. 이때 당신은 문제 해결을 위해 고도의 집중력을 발휘하게 됩니다.

첫 강의를 만들었을 때 "제가 잘 알아서 하는 강의가 아닙니다. 저 자신을 시험하기 위한 강의이고 오신 분들에게 배우기 위한 자리입니다."라는 말로 강의를 시작했습니다. 눈앞에는 두 명의 청중이 있었고요. 그때 했던 강의 내용은 지금도 기억에 생생합니다. 뇌리에 박힐 만큼 저에게 인상적이었다는 것이죠. 그만큼 긴장했다는 뜻일 테고요.

[Q3] 한 때 책을 많이 읽었다고 들었다. 그런 경험이 있기에 다독의 문제를 지적할 수 있는 것은 아닌가. 책을 많이 읽지 못한 사람에게 책을 멀리하라는 식의 주장은 다소 불편한데 어떻게 생각하는가?

책의 강박을 겪지 않고 즐기는 독서를 할 수 있다면 양적으로 읽어치우려는 노력은 피해 가는 게 좋지 않습니까? 다독의 경험이 있기에 더더욱 피해가라고 말하고 싶습니다. 일부러 고난을 자처할 필요는 없다고 생각합니다. 책을 왜 읽고 강의는 왜 듣습니까? 당신에게 주어진 시간을 더 잘 쓰기 위해서 아닌가요?

경영학의 아버지 피터 드러커는 "시간을 관리할 수 없다면 당신은 다른 그 무엇도 관리할 수 없을 것"이라고 말했습니다. 안타깝지만 우리에게는 시간이 많지 않습니다. 책만 중요하지 않습니다. 책은 지식을 담는 컨테이너일 뿐입니다. 그림을 감상하거나, 당신이 SNS에서 나누는 사회적 소통도 의미가 있습니다. 운동하고, 기타도 배우고, 글을 쓰거나 여행을 떠나는 것도 삶을 성장시키는 데 필요한 일입니다. 작가 김경집은 "여행은 서서 하는 독서요, 독서는 앉아서 하는 여행"이라고도 했습니다. 하지만 하루 한 권씩 수천 권의 책을 목표하고 읽으려면 어쩔 수 없이 포기해야 할 일들입니다. 제가 본 다독은 책을 너무 많이 읽고 뇌는 되도록 적게 쓰는 읽기였습니다.

책'만' 잘 읽지 않고 책'도' 잘 읽을 수 있다면 그편이 훨씬 좋지 않습니까? 책의 창을 통과한 '나'라는 의문이 최종 도착해야 할 곳에는 느낌표가 찍힌 '나'가 있어야 하지 않겠습니까. 우리가 언제 죽을지 알 수는 없지만 확실한 것은 누구나 정해진 자기만의 끝이 있다는 것입니다. 시간은 제한된 자원입니다. 1초도 늘지 않고, 1초도 줄지 않습니다. 읽기는 나만의 관점으로는 볼 수 없는 세계를 타자의 관점을 빌려서 보려는 시도입니다. **쓰기는 읽기로 뽑아올린 실을 베틀에 넣고 자기 생각을 선명하게 조직하는 일입니다.** 이 두 가지가 합쳐질 때 책을 붙드는 시간은 줄고 관점은 깊어지고 책을 다루는 재미는 커집니다.

저는 책이 참 좋습니다. 제 삶을 변화시키고 성찰하게 만드는 중요한 도구입니다. 그 점에는 이견이 없습니다. 하지만 도구는 막 쓰는 게 아니라 잘 쓰라고 있는 것 아니겠습니까. 예리한 칼처럼 최소한의 힘을 들여 최대한의 효율을 얻도록 고안된 것이 도구니까요. 쓰기 위해 읽기 시작하면 이제 당신도 책이 살아있다는 것을 느끼게 될 것입니다.

[Q4] 책을 도구나 수단으로 사용한다는 말이 불편하다면?

어릴 적 딱지치기를 한 경험이 있지요. 딱지를 탁! 쳐서 넘기려면 어떻게 해야 했나요? 힘만으로 쳐서는 좀처럼 넘어가지 않습니다. 이때 상대편 딱지에 발 한쪽을 딱 가져다 댑니다. 그러고는 발을 댄 쪽으로 딱지를 빗겨 칩니다. 그러면 상대편 딱지가 '휙' 하고 넘어갑니다.

딱지는 놀이에 필요한 도구입니다. 하지만 놀이에 이기기 위해서는 발을 잘 쓸 줄 알아야 합니다. 딱지와 발기술과 정확히 빗겨 치는 손목의 힘이 일치할 때 딱지는 넘어갑니다. 제가 '책은 도구다'라고 한 말에는 이 세 가지가 포함되어 있습니다. 딱지는 책입니다. '발'은 어떻게 문제를 해결할 것인가(어떤 책을 선택할 것인가)를 아는 전략입니다. '손목'은 얼마나 힘(시간)을 들일 것인가 하는 전술에 해당

하지 않겠습니까. 도구를 잘 쓴다는 것은 자기 문제를 파악하고 해결할 줄 아는 전략 전술에 능하다는 뜻입니다. 이것은 자신의 현재 능력과 한계를 깊이 이해할 때 가능합니다. 책만의 감성이 있다 보니 도구라는 말에 불편함을 느낄 수 있습니다. 하지만 그래도 책은 도구입니다. 단단한 자아의 외피를 내리칠 때 책은 도끼라고 하지 않습니까? 도끼도 역시나 도구입니다.

[Q5] 읽은 내용을 어떻게 다 기억하나?

오해입니다. 아무래도 강의를 하려면 책을 봐야 하지 않습니까. 다시 찾아서 읽은 자료라 기억이 더 선명할 뿐입니다. 저는 기억력이 남들보다 좋지 못한 편입니다. 숫자는 특히나 더 그렇습니다. 예전에는 잘 잊는 제가 싫었습니다. 그때부터 잊지 말아야겠다는 내용은 그 자리에서 기록해 둡니다. 쌓인 기록을 정리하지 않으면 자료로서 가치가 없습니다. 봐도 모르는 내용투성이입니다. 그래서 정기적으로 정리하고 메모에 제 생각을 덧붙이다 보니 지금의 문장수집 파일로 발전하게 되었습니다.

 문장을 기록하고 거기에 '그러나', '왜냐하면', '그래서', '그러므로'로 연결하여 자기 생각을 덧붙이면 인과의 논리가 만들어져서 기억에 오래 남습니다. 이렇게 쌓고 정리한 문장이 늘어나면 신기한 일이 우리 뇌 안에서 벌어집니다. 인간의 뇌는 울트라 슈퍼컴퓨터입니다. 1,000억 개의 신경세포neuron가 각각의 서로 다른 신경세포와 접합하는 100조 개의 시냅스 안에서 엄청난 속도로 정보를 탐색하고 처리합니다. 글을 쓰다가 막혔을 때 수집한 문장을 훑다 보면 당신의 뇌가 정확히 필요한 문장을 찾아낼 뿐만 아니라 막힌 문장의 앞뒤 문맥에 맞게 이 문장을 어떻게 고쳐 써야 할지까지 눈앞에 제시합니다. 제가 문장수집에 그토록 집착하는 이유입니다.

어떻게 써야 하나

[Q6] '쓰기 위한 읽기'라는 개념이 머릿속에 잘 그려지지 않는다면?

쉽게 설명하겠습니다. '읽고 나서 쓴다'라고 생각하면 책 분야에 상관없이 무엇이든 읽어도 됩니다. 그런데 '쓰기 위해서 읽는다'라고 전제하면 우선 '무엇을 쓸 건데?' 하는 물음부터 생깁니다. 이에 대한 답을 찾았다면, 이번에는 '어떤 책을 참고할 건데?' 하는 물음이 자동으로 돌아옵니다. '그냥 읽는다'와 '무엇을 읽어야 할지 알고 읽는다' 사이에는 엄청난 차이가 있습니다.

보통 개인이 가진 삶의 문제의식에서 주제가 잘 나옵니

다. 당신 인생을 끈덕지게 붙들고 늘어진 불안, 불편, 불만족스러운 상황을 정면으로 응시하고 문제를 하나씩 꺼내놓다 보면 그중 다뤄보고 싶은 주제가 드러납니다. 머리가 아프면 해열제를, 배가 아프면 복통약을 먹어야 하듯 문제가 구체적이면 구체적일수록 해결에 필요한 '책'도 보다 정확하게 찾아낼 수 있습니다. 문제를 찾고 주제를 정한 다음 책을 찾는다면 아무리 많은 책이 당신 앞에 놓여있더라도 당신은 책 앞에서 방황하지 않습니다.

[Q7] 책을 쓰면 삶이 달라진다고 하는데, 이 말에 대해 어떻게 생각하나?

단순한 논리로만 생각해도 답이 나옵니다. '책을 쓰고 나면'=전제 '삶이 달라진다'=결론입니다. 그런데 이 문장은 결론을 뒷받침할 객관적인 근거가 없습니다. 근거가 없으니 논리적으로는 맞지 않습니다. 정답은 '알 수 없음'이라고 해야 하지 않겠습니까? 절대 아니라고 할 근거도 없으니까요. 하지만 출판을 출세나 부귀영화의 수단쯤으로 생각하고 한 질문이라면 로또 맞을 확률만큼이나 어려우니 일찌감치 책 쓸 생각은 포기하라고 조언하고 싶습니다.

'쓰기 위한 읽기'를 얘기하면서 자연스럽게 책이 등장할 수밖에 없었던 것은 6개월, 1년이라는 짧은 시간 동안 자기 인생을 집중적으로 탐구하고 글쓰기에 몰두하도록 만드는 데 책은 너무나 훌륭한 수단이기 때문입니다. 유튜브를 잡고 보낸 1년과 자기 글을 쓰면서 책을 탐구하며 보낸 1년의 차이는 확연하지 않겠습니까? 거기에 내 이름이 들어간 책까지 출판된다면 이보다 확실한 자기계발이 또 있을까요?

6개월에서 1년의 기간을 두고 책을 쓰려면 최소 일주일에 3, 4일은 꾸준히 글을 써야 합니다. 매년 책을 내는 사람은 이미 글쓰기가 자기 삶의 일부가 된 것입니다. 첫 책이 나오고 첫 독자를 만나는 기쁨은 가슴 벅찹니다. 책은 당신이 될 수 있는 최대한의 당신을 훌쩍 넘습니다. 이건 확실합니다.

  책을 쓰겠다고 결심했다면 첫 책으로 끝낼 것이 아니라 멈추지 말고 이어서 쓰라고 말하고 싶습니다. 글쓰기를 당신의 삶 안으로 받아들이는 것입니다. 하지만 책을 쓴다는 것은 절대 쉽지 않습니다. 그나마 첫 책이 쓰기 쉽습니다. 쓰면 쓸수록 책은 더 어렵습니다. 모를 때 용감합니다. 알면 알수록 글과 독자에 대한 두려움이 커집니다.

  책을 빨리 쓰는 법에 대한 질문을 자주 받습니다. 서점에 나가보니 하루 한 시간 8주 만에 책을 쓰라고 하는데 8주면 56일입니다. 그러니까 56시간 안에 책 한 권을 쓰라는 말입니다. 당신이라면 이렇게 쓴 책을 사서 읽겠습니까? 책 한 권이 되려면 A4 10포인트, 줄 간격 160 기준으로 100장은 돼야 합니다. 56일간 매일 꼬박 두 장을 써야 한다는 계산이 나옵니다. 두 장을 쓰려면 하루 네 시간, 몸 상태에 따라서는 여덟 시간 열 시간도 걸립니다. 저자가 말하는 대로 한 시간에 두 장씩 그것도 매일 원고를 쓴다는 것은 자기 직업을 가진 사람에게는 거의 불가능한 일입니다. 이게 가능했다고 하더라도 저는 그런 책에 제 돈과 시간을 쓰지 않겠습니다.

저는 '책 쓰기'를 '책쓰기'로 붙여서 표기하는 게 영 불편합니다. 책과 쓰기 사이를 띄우는 이유는 쓰기가 책이 되기 위해서 반드시 건너야 할 관문이 있기 때문입니다. 그것은 '인내하는 침묵'입니다. '내가 과연 쓸 수 있을까?', '완주할 수 있을까?', '독자에게 외면받지는 않을까?' 하는 괴로움을 침묵 속에 묻고 묵묵하게 자기 길을 걸어가야 합니다. 바로 그 침묵의 시간이 책과 쓰기 사이를 흐릅니다.

책을 쓰기 어렵다고 하면 저는 '잘 가고 있다'는 구체적인 조언과 격려를 동시에 보냅니다. 한 장 한 장 책이 되어가는 과정은 어렵지만 시간을 들이는 만큼 배우는 것도 많습니다.

[Q8] 글이 책이 되고 책이 그 사람의 인생을 변화시킨 인상적인 사례를 들자면?

《이 별에서의 이별》을 쓴 양수진 작가 이야기는 빼놓을 수 없겠네요. 그녀의 직업은 장례지도사였습니다. 네, 과거형입니다. 지금은 전업 작가가 되었으니까요. 저는 평소 죽음에 관심이 많았던 터라 꼭 한번 장례지도사의 이야기를 기획해 보고 싶었습니다. 그때 만난 사람이 양수진 작가입니다. 평범한 직장인이었습니다. 처음에는 책을 목표로 글을 쓴다는 자신을 믿지 못해 불안해하기도 했는데요, 하루하루 글을 써가면서 뭐랄까요. 쓰기의 기쁨이 그녀 안에 쑥쑥 차오른다는 느낌을 받았습니다. 글쓰기를 즐기는 게 보였죠.

그녀의 글에서 글을 쓰기 시작한 날의 소감을 옮겨봤습니다. "새 노트에 써둔 몇 문장을 모아 첫 글을 쓴 날, 눈앞에 안개가 걷히고 마음이 맑아지는 기분이었습니다. 돌아오는 길, 하늘을 올려다보는데, 수많은 별이 빛나고 있었습니다. 매일 밤 그 별들을 올려다보며 글을 썼고, '이 별에서의 이별'을 낼 수 있게 되었습니다."

 글이 책이 되지 않았다 하더라도 자기 삶 구석구석 들여다본 지난 몇 달의 경험은 정말 값졌다는 작가의 말이 쓰기의 본질입니다. 책이 나오고 나서 그녀에게 찾아온 변화는 작지 않았습니다. 책이 나오자마자 화제의 책에 그녀의 이름이 오르내렸습니다. 늘 스크린 밖 관객이었던 그녀가 영화 시나리오 자문위원이 되었고, 독자에서 이제는 신문과 잡지사에 양수진이라는 이름을 걸고 글을 올립니다. 몇 해 전에는 한 드라마 작가가 《이 별에서의 이별》을 읽고 연락해 왔습니다. 그렇게 만난 작가와의 인연을 3년째 이어오다가 2022년 10월 19일 그녀의 책이 모티브가 된 드라마 〈일당백집사〉가 첫 방영되었습니다.

 이제 작가라는 이름에 더는 어색하지 않은 현업 작가 양수진은 말합니다. 자신의 인생에서 《이 별에서의 이별》을 낼 기회가 없었더라면 아마 저만치 던져놓은 꿈을 물끄러미 바라보며 나이만 들었을 거라고요. 질문의 마무리는 양수진 작가의 말로 대신하겠습니다.

"척박한 땅 위로 살짝 움트려다 곧 잊히는 것이, 책을 내는 작가의 숙명입니다. 그러면 다시 옛적 초라한 방, 햇볕 한 가닥 스미는 그곳으로 돌아가 내게 직면한 문제들을 들여다봅니다. 저는 빛바랜 노트를 열고 힘을 내 다시 작은 씨앗을 적어봅니다. 저의 글을 읽어주시고 오늘을 살아가게 해 주셔서 감사합니다."

[Q9] 쓸 게 없을 때는?
쓸 게 없다는 생각을 버리면 쓸 게 보입니다. 쓸거리는 어디에나 있습니다. 왜냐하면 우리는 수많은 사물과 상황들로 엮인 의미의 세계를 살아가고 있기 때문입니다. 인문학자 함돈균이 쓴 《사물의 철학》이라는 책이 있습니다. 사물에 투영한 저자의 인문학적 시선이 매력적입니다. 그는 하

이데거의 말을 빌려 "사물을 도구라는 영역으로 제한하고, 우리가 있는 세계를 물리적 공간이 아니라 도구의 연관들이 맺는 의미의 그물만으로 본 것은 탁월한 관점 전환이다"라고 말합니다. 도구는 쓰임이 있고 도구가 지시하는 쓸모들로 우리가 사는 세계는 그물망처럼 촘촘히 얽혀 있으니 사물 하나하나가 넓게는 인간에게 좁게는 나 자신에게 구체적인 의미로 사용되고 있다는 것입니다. 그래서 어떤 사물을 어떻게 쓰는가를 보면 그 사람의 삶을 추론해 볼 수 있습니다.

언젠가 TV에 소개된 맛집인데 삼겹살을 불구덩이에 집어넣어서 순식간에 구워냅니다. 저는 맛보다는 고기를 구워내는 '삽'에 눈길이 갔습니다. 카메라 앵글도 고기를 올린 삽에 초점을 맞춰 보여주더군요. '삽'하면 공사 현장을 먼저 떠올리게 되지만 삽이 불판이 된다는 걸 목격하는 순간 고정관념은 깨졌습니다. 도구의 쓰임은 고정돼 있지 않습니다. 우리가 고정했을 뿐이죠.

그래서 '삽'을 생각해 봅니다. 그 쓰임을 보면 움푹 파인 부분은 흙이든 자갈이든 고기든 '담다'이겠고, 긴 손잡이는 '밀어 넣다'이겠습니다. 그러니 '무엇을 담고, 밀어 넣는' 행위 일체에 삽의 다양한 쓰임이 재창조될 수 있는 것입니다. 삽을 불판으로 쓰겠다고 생각한 사장님은 시선이 남다른 사람입니다. 사물 하나의 쓰임을 달리해서 대박을 냈으니 말입니다.

 삽을 삽이라 보지 않았을 때 '삽은 불판이다!'하는 인식의 전환이 일어났듯이, 거울을 거울이라 보지 않으면 '보정되지 않은 정체성'이라는 문장을 쓸 수 있습니다. 이 한 문장으로부터 생각은 새로운 인식으로 접어들 수 있죠. 쓸 게 없을 때는 사물의 존재를 뜯어보고 문장으로 당신의 생각을 정리해보세요. 평범한 사물의 존재가 기발한 생각의 전환점이 되어줄 것입니다.

[Q10] 초고를 완성도 있게 쓰려면?

초고를 잘 쓰려다 보면 잘 망합니다. 초고는 거칠게 쓰세요. 주제와 맥락만 흐트러지지 않고 이어지면 퇴고 때 다듬으면 됩니다. 처음부터 완벽해지려고 하지 마세요. 글쓰기에 그다지 중요하지 않은 것이 글쓰기 재능이라고 했던 말 기억하시나요? 당신이 문학을 할 게 아니라면 말하고자 하는 메시지가 의도대로 전달되면 그게 좋은 글입니다. 감정을 전달할 때도 유려한 문장이나 수식어구가 따라야 할 것 같지만 그렇지 않습니다. 예를 들어보겠습니다. 제가 짧은 문장이나 단어로 지금부터 어떤 상황을 설명할 텐데요, 어떤 감정이 느껴지는지 봅시다.

12월 24일. 크리스마스이브. 밤 12시. 지하 1층 호프집. 마지막 손님을 보내고 밖으로 나오는 여학생. 거리에는 삼삼오오 즐거운 사람들. 어둑한 버스 정류장. 마지막 버스. 교통카드를 찍자 잔액 부족. 당황한 눈빛. 봐줄 생각 없이 올려다보는 눈빛. 잠시 후 버스는 떠나고 여학생만 남음.

불 꺼진 정류장. 영하의 날씨. 인적 없는 밤. 이때 내리는 눈. 여학생, 몸을 돌려 버스가 사라진 길을 따라 걸어감. 가방을 멘 몸. 차츰 작아지다 점이 되어 사라짐.

 듬성듬성 글을 썼지만 당신의 머릿속에서는 끊김 없는 영상으로 재현되지 않았나요? 문학적인 표현 하나 없이도 여학생의 외로움이 느껴지지 않았나요? 이유는 이 장면이 과거 당신의 경험과 직간접적으로 겹치는 지점이 있고, 조각난 정보라고 해도 당신의 뇌는 이걸 하나의 서사로 이어 붙인 다음 멋진 영상을 제작해 버리기 때문입니다. 그러니 안타까운 감정을 느끼는 것이고요.

 초고에 무리하게 공을 들이지 말라는 이유는 이 때문입니다. 주제와 서사의 맥락이 읽힌다면 일단 초고를 마무리하고 나서 다듬는 편이 좋습니다. 밑그림을 그리고 나서야 깊이 있는 시선으로 쓴 문장을 채워 넣을 수 있습니다. 완벽히 하려고 하면 망합니다. 망해도 좋다 하는 가벼

운 마음이면 최소한 완주는 합니다. 글은 **완벽보다 완주가**
진정 중요합니다.

에필로그_네 가지 정리

 1. 익숙함에 빠질수록 당신을 잃기 쉽습니다. 익숙한 길은 생각을 빼앗고 삶을 지루하게 만들죠. 그 안에 숨은 아름다운 것을 잘 보기 위해서는 허리를 숙여 얼굴을 가까이 가져가야 합니다. 풍경을 담는 눈은 멈춰 서서 생각할 줄 아는 사람만의 것입니다.

 2. 모두가 그렇다고 할 때 아니라고 말할 수 있는 용기가 필요합니다. 수천수만 권을 읽는다고 공부가 아닙니다. 낭비하는 힘을 노력으로 착각하지 말았으면 좋겠습니다. 맹목적인 독서보다 이제 '쓰기 위한 읽기'를 해보세요. 변명으로 일관했던 삶이라면 지금부터는 '추상에서 구체로'

당신을 증명해가며 당당히 살아가세요.

3. 읽지 말아야 할 책을 피하고 담지 말아야 할 부담을 버리세요. 당신의 시간을 헐겁게 하세요. 여유를 가지시고 조금 더 자유로워지세요. 차분히 당신의 삶을 돌아보세요. 해야 할 일이 무엇인지 알게 되면 발목을 잡아끌던 두려움은 설렘으로 바뀔 겁니다.

4. 당신을 막아서는 일이 그 무엇이든 어렵다고 말하지 말고 '익숙하지 않다'라고 하세요. 낯섦은 반복만으로 쉽게 해결됩니다. 쓰기가 어려운 이유는 단지 읽기만큼의 경험이 없어서입니다.

남들이 말하는 세계가 언제나 정답은 아닙니다. 이제 '쓰기 위한 읽기'로 당신이 바라보는 세계를 믿고 당당히 주장해 나가시길 바랍니다.

"남들이 당신을 설명하도록 내버려두지 마라.

당신이 무엇을 좋아하고 싫어하는지 또 무엇을 할 수

있고 할 수 없는지를 남들이 말하게 하지 마라"

- 마사 킨더

감사합니다.

이 책의 마지막 장이

새로운 서사로 이어지는 시작이 되기를 바랍니다.

될 수 있는 최대한의

당신이 되세요.

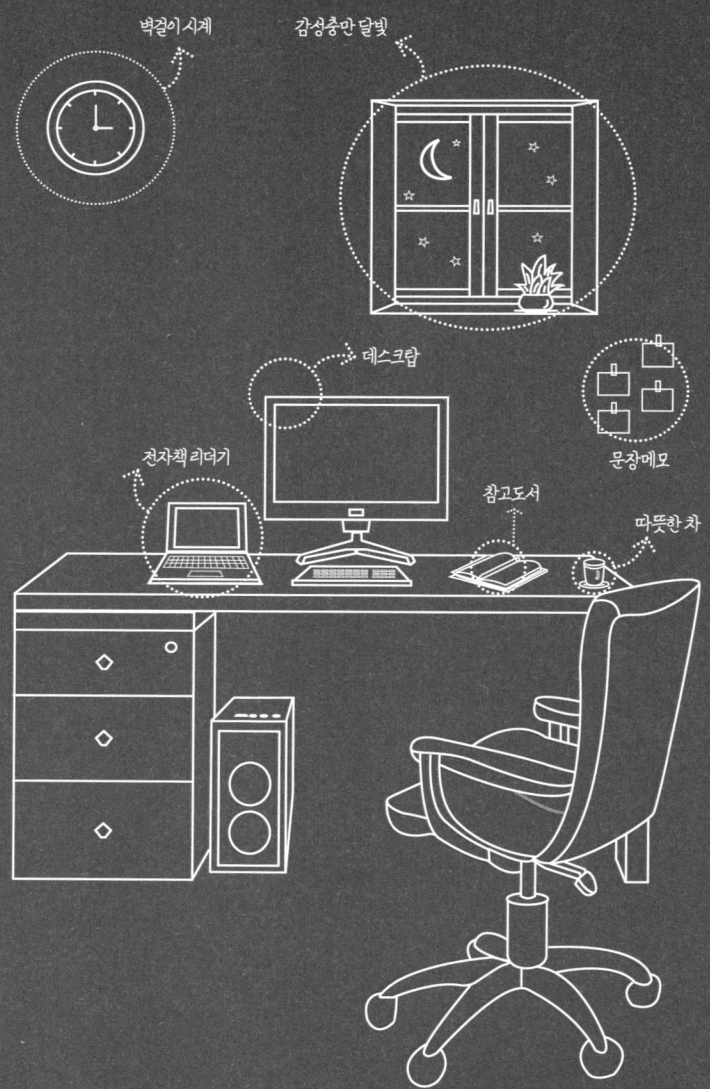

쓰기의 풍경

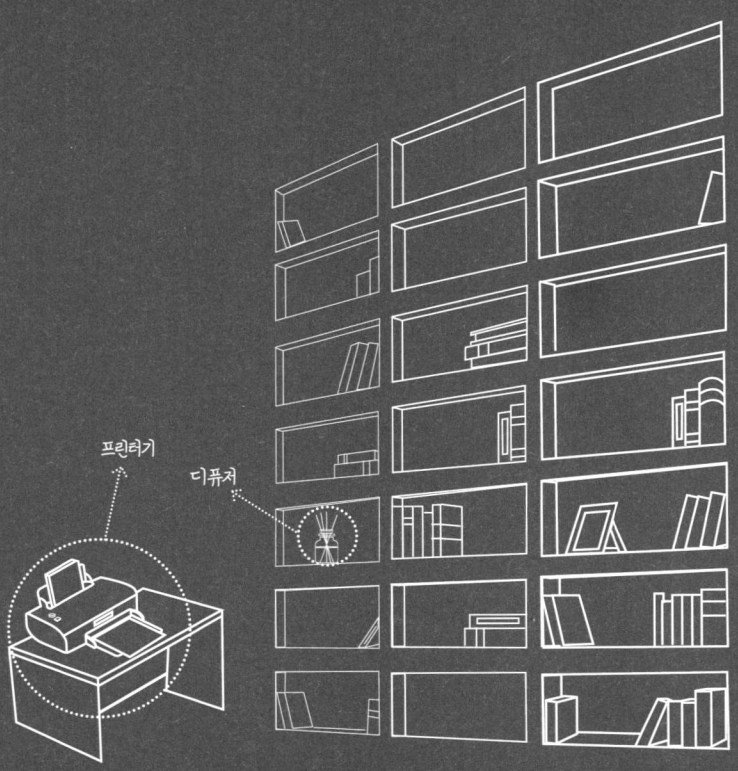

한 권을 쓰고

만 권의 효과를 얻는

쓰기의 기적이 당신에게